知らないでは
すまされない

日本国憲法

について
池上彰先生に聞いてみた

池上彰 監修

Gakken

はじめに

憲法を考えることは、日本自体を考えること

このところ日本を取り巻く国際情勢がキナ臭くなってきました。「もし日本にミサイルを撃ち込もうとする国があれば、その前に、その基地に対して日本が先制攻撃できるようにすればいい」という意見も出るようになりました。

でも、「日本にミサイルを撃ち込もうとしている」ということが、どうしてその前にわかるのでしょうか。もし日本が先に攻撃したら、相手の国は「日本が先に攻撃してきた」と非難して反撃してくるでしょうから、まさに戦争になってしまいます。

これでは憲法違反ではないかという声が日本国内でも上がったことから、最近は「敵基地攻撃能力を持つようにすべきだ」という意見に変わってきました。これは、

敵の基地を攻撃できる能力を持っていれば、相手の国は「日本を攻撃すれば反撃される」と考えて、日本を攻撃してこないだろうというのです。これが「抑止力」になるという考え方です。

でも、それでは相手の国は、「日本がいつ攻撃して来るかも知れない」という警戒心を持つことにならないでしょうか。

どうですか。こんな風に考えていくと、堂々巡りになったり、何が正しいかわからなくなったりしませんか。

そこで困ったことが起きたら、まずは**基礎に立ち返ること**。この場合は、日本の憲法は、軍事力や自衛力、戦争に関してどんな規定をしているのか、過去にどんな議論があったのかを知ることです。

その上で、いまの憲法をどう考えればいいのか。**憲法は変えるべきか、守るべきかを考えることができるようになる**でしょう。

そもそも日本国憲法は、**「平和憲法」**と呼ばれてきました。日中戦争や太平洋戦争という悲惨な戦争を体験した日本が、戦後、「平和な国になろう」という決意を込めて制定したのが、いまの憲法だからです。

それでも時代が変われば、憲法の意味も変わってきます。どんな憲法がいいのか。それを考える材料になればいいなという思いを込めて、この本が出来上がりました。

本文で詳しく解説しますが、日本の憲法は条文の分量が少なく簡潔で、その分、さまざまな解釈が可能なものになっています。

そのため、たとえば「同性婚」など新たなテーマが登場すると、いまの憲法でどのように解釈すべきかという論争が生まれます。

つまり、日本の憲法は、条文を変更しなくても、かなり柔軟に解釈できる余地を残しているのです。

その結果、私たちの暮らしにとっても身近な存在ですし、知らないではすまされないものなのです。

では、こうした特徴を持つ憲法は、どのように誕生したのでしょうか。さらには、その前の大日本帝国憲法とは、どのように違うのでしょうか。

憲法とは、**その国の「かたち」を定めるもの**と言われます。ということは、日本の憲法をどうすべきかという議論は、「日本はどういう国であるべきか」という論争でもあるのです。**憲法を考えることは、日本の国を考えること。**その一歩を踏み出してみましょう。

2023年5月

ジャーナリスト　池上　彰

知らないではすまされない日本国憲法について
池上彰先生に聞いてみた

目次

はじめに　憲法を考えることは、日本自体を考えること　2

Introduction　そもそも、憲法って何のためにあるの？　11

憲法っていったい何ですか？　12

憲法は誰が守るべきもの？　14

憲法と法律の関係は？　16

日本国憲法の構成はどうなっている？　18

コラム1　**各国の憲法からわかるお国柄**　20

第1章　日本国憲法はどうやって生まれた？

日本国憲法誕生のきっかけは？　22

どうして「押しつけ憲法」といわれるの？　24

ＧＨＱが主導した憲法草案はどうやってできたの？　26

日本国憲法は本当に「押しつけ憲法」なの？　28

憲法改正案の発表から施行までの歩みは？　30

日本国憲法と大日本帝国憲法は何が違うの？　32

憲法の前文にはどんなことが書かれているの？　34

コラム2　**日本女性の権利向上に取り組んだベアテ・シロタ・ゴードン**　36

第2章 天皇や戦争について、どう書かれているのか？

「日本国民統合の象徴」たる天皇ってどういうこと？ 38
憲法に記された天皇の役割とは？ 40
私たちが知らない天皇のジレンマとは？ 42
皇位継承はどうやって決まるの？ 44
皇室の財産はどのように扱われているの？ 46
天皇は国家元首といえるの？ 48
自衛隊は憲法違反になるの？ 50
日本政府が自衛隊を合憲とする根拠は？ 52
どのようにして自衛隊は誕生したの？ 54
自衛隊が海外派遣されるようになったのはなぜ？ 56
よく耳にする「集団的自衛権」とは何ですか？ 58
集団的自衛権に設けられている3つの条件とは？ 60
第九条の改正案にはどんなものがある？ 62
コラム3 日米安保条約は「持ちつ持たれつ」？ 64

第3章 憲法ってどうやったら変えられる？

憲法改正の手続きはどうなっているの？ 66

ほかの国は憲法を改正しているの？ 68
そもそも、なぜ改憲論が生まれたの？ 70
自民党の憲法改正案について教えてください！ 72
憲法改正の新しい論点はありますか？ 74
憲法を変えずに、解釈を変えるという手はありますか？ 76
コラム4 「改憲しない憲法改革」という選択肢 78

第4章 私たちの義務と権利はどう書かれている？

憲法に明記されている国民の三大義務とは？ 80
「基本的人権」とは具体的にどういうことですか？ 82
「学問の自由」について教えてください！ 84
勤労の権利・義務と職業選択の自由って何ですか？ 86
労働者を守るための権利にはどんなものがある？ 88
憲法がＬＧＢＴＱの結婚の妨げになっている!? 90
なぜ靖国神社参拝が問題になるの？ 92
ヘイトスピーチも表現の自由として守られるの？ 94
健康で文化的な最低限度の生活ってよく聞くけど何ですか？ 96
犯罪被疑者も権利をもっているって本当？ 98
コラム5 フェイクニュースと表現の自由 100

第5章

国の機関はどのように規定されている？

国会が三権の最高機関とされるのはなぜ？ 102
国会議員に関する規定にはどんなものがある？ 104
国会の仕組みはどうなっている？ 106
なぜ衆議院のほうが強い権限をもっている？ 108
国会が裁判官をやめさせることができるのはなぜ？ 110
内閣に入るための決まりとは？ 112
内閣総理大臣はどのように決まり、どんな権限をもつ？ 114
解散権が総理大臣の「伝家の宝刀」といわれる理由は？ 116
実際に内閣ってどんな仕事をしているの？ 118
裁判所と裁判はどのように規定されている？ 120
最高裁判所はどれほどの権限をもっている？ 122
最高裁判所は何人で構成され、その待遇はどうなっている？ 124
最高裁裁判官に対する国民審査について教えてください！ 126
下級裁判所裁判官の任命と人事はどうなっている？ 128
裁判員制度はなぜ導入された？ 130
コラム6 絞首刑は憲法違反か、否か 132

第6章 国のお財布の使い方も憲法に書かれている

「財政民主主義」とはどんな考え方ですか？ 134
「租税法律主義の原則」とは？ 136
国債の発行も国会の議決が必要なんですか？ 138
国の予算はどうやって決まるの？ 140
国の決算はどんなルールでおこなわれている？ 142
宗教系私学への助成金はなぜ認められるの？ 144
地方自治について憲法には何が書かれているのですか？ 146
コラム7 道州制と「廃県置藩」 148

付録 日本国憲法 全文 149
おわりに 憲法を「絵に描いた餅」にせず、権力者に守らせるためには？ 158

STAFF
構成 武内孝夫
カバー・本文イラスト よしださやか
写真 中島聡美
カバー・本文デザイン 山之口正和＋齋藤友貴（OKIKATA）
DTP ディアグルーヴ
編集協力 渡邉秀樹
校正 株式会社鷗来堂
※本書の情報は2023年5月現在のものです。

Introduction

そもそも、憲法って何のためにあるの？

当たり前の存在のように思っているけれど、じつはよくわかっていない——憲法って、そんな存在ではありませんか？　たとえば憲法と法律の関係は？　憲法は国民が守るものではないって本当？　それらの疑問に答えつつ、「その国らしさ」が表れる憲法とはどういったものなのかを見ていきましょう！

憲法っていったい何ですか？

POINT
日本国憲法の特徴は、国民主権・平和主義である。

「その国らしさ」は憲法に表れる!?

憲法と聞くと、思わず居住まいを正すような、重々しく厳粛《げんしゅく》なものというイメージがありますが、これは無理もありません。**憲法とは、さまざまな法律の上に位置する「法律の親分」**であり、さらにいえば、その国のかたちを決めるものだからです。

日本では、かつて明治維新を迎えて近代国家へと歩みはじめたときに大日本帝国憲法が制定され、第二次世界大戦で敗戦国になったのち、現在の日本国憲法ができました。

現代においても、国を再建するにあたり、まず取り組むのは憲法の制定です。それは政権が崩壊したアフガニスタンやイラクの例を見ても明らかです。

日本国憲法は、第一条で天皇を「日本国の象徴」と定めて主権は国民にあるとし、第九条で戦争放棄を定めています。つまり、日本は国民主権で、戦争をしない平和主義の国であるという基本的な「かたち」を、憲法が定めているわけです。

憲法で国民主権を定めている国は多いですが、世界はそうした国ばかりではありません。

中国や北朝鮮の憲法（これらの国にも憲法はあります）を読むと、国民の上に中国共産党や朝鮮労働党が位置しており、憲法の解釈権も党が握っていることがわかります。したがって、憲法に明記された国民の権利が実際は保障の限りではないのが中国や北朝鮮の実情です。

このように、**憲法はその国の「かたち」を定める**とともに、そこからは「その国らしさ」を見てとることができます。

お答えしましょう!

憲法とは、国家のかたち、国家の姿を決めるもので、じつは「その国らしさ」が表れるものなのです。

■憲法は「法律の親分」

国のかたちを決める憲法は、さまざまな法律の上に位置づけられる。

KEYWORD

国民主権…… 国家の主人は国民であること。国民が政治を動かし、政府は国民に命じられて運営される機関であるとする考え方で、民主主義の基本原理である。

憲法は誰が守るべきもの？

お答えしましょう！

憲法とは国民ではなく、国会議員や官僚など、権力者が守るために定められたものです。

■ 憲法は国家権力を制限する

権力側の人たちの活動を制限する憲法によって政治をおこなうのが立憲主義の基本。

憲法に国民の権利ばかりが書かれているのはなぜか？

憲法は「法律の親分」だと述べましたが、じつは憲法と法律には大きな違いがあります。それは、法律は国民が守るべきものであるのに対し、**憲法は国会議員や官僚、裁判官、公務員といった権力側の人たちが守るべきもの**だという違いです。

憲法には国民の権利ばかり書かれていて義務について書かれていないといわれますが、これは当然です。国民の権利を権力者がきちんと守るために定めら

POINT

憲法とは、国民の権利を権力者が守るために存在する。

■ジョン・ロックと社会契約説

イギリスの名誉革命を理論的に正当化したジョン・ロックの社会契約説は、アメリカ独立宣言やフランス人権宣言などにも影響を与えた。

れているのが憲法だからです。

このような憲法の考え方のベースにあるのは、17世紀に登場したイギリスの思想家ジョン・ロックの社会契約説です。

人間はもともと自由で平等、平和であり、そうした生まれもった自然権を確かなものとするために、人々はその権利の一部を代表者である政府に委託する。そして政府が権力を乱用することがあれば、人々は政府を変える権利をもつ、というのが社会契約説です。

そのジョン・ロックが活躍した時代、イギリス国民は国王ジェームズ2世の身勝手によって苦しめられることが多く、これに怒った議会は国王を追放し、「権利の章典」を制定しました。こうした経緯を経て、近代ヨーロッパの憲法はできあがっています。

このように国家権力を制限する憲法によって政治をおこなうことを**立憲主義**といいます。日本の憲法もまた、立憲主義に基づいています。

KEYWORD

立憲主義……憲法に基づいて政治をおこなうという考え方。権力を憲法で制限しようとする思想。

憲法と法律の関係は？

POINT
憲法と法律は、社会を成り立たせるために機能している。

憲法と法律が機能することで国と社会が成り立っている

第九八条に**憲法は「国の最高法規」であり、これに反する法律や命令は効力をもたない**と定められています。

当然ながら、憲法と法律とで矛盾があってはなりません。そのため、法律が憲法に反していないかどうかを判断することが必要で、その最終的な判断を下すのが最高裁判所です。

最高法規である憲法は権力者によって守られ、その憲法に定められたルールに沿って国民が自分たちの代表として議員を選び、その議員によって制定された法律を国民が守ることで社会の秩序が保たれる——。憲法と法律はそのように機能しながら、国と社会を成り立たせているわけです。

先に、法律の上に憲法があると述べましたが、正確には憲法と個別の法律のあいだには「基本法」と呼ばれるものがあります。たとえば教育基本法や原子力基本法、災害対策基本法、中小企業基本法、障害者基本法、環境基本法などがよく知られています。

さらに近年は、時代の変化に対応するためにさまざまな基本法（スポーツ基本法、生物多様性基本法、サイバーセキュリティ基本法、ギャンブル等依存症対策基本法など）が増えています。基本法は、憲法と個別の法律のあいだに位置して憲法の理念を具体化するとともに、憲法を補完する役割を担っているといわれています。

したがって、最近は〈憲法—基本法—個別の法律—命令〉が法体系の基本形になっているといえます。

お答えしましょう！

憲法と法律は、それぞれ権力者と国民の「ルール」を定めて、秩序を生み出すものです。

■憲法と法律の関係と機能

憲法は権力者によって守られ、その憲法に定められたルールに沿って国民は議員を選ぶ。その議員によって制定された法律を国民が守ることで社会の秩序は保たれる。

KEYWORD

基本法 …… 国の制度や政策に関する理念を示すために制定される法律。現行では52の基本法がある。

日本国憲法の構成はどうなっている？

POINT
解釈に幅があり、柔軟性をもっているのが特徴。

世界の憲法のなかでも日本国憲法はコンパクト！

東京大学社会科学研究所のケネス・盛《もり》・マッケルウェイン教授の分析によると、日本国憲法は条文の分量が少なく、英訳したときの単語数は、世界177の現行憲法のなかで5番目に少ないそうです。

そんなコンパクトな日本国憲法ですが、全体の構成は700字ほどの**前文と全11の章からなり、そこに全103条の条項が定められています。**

まず前文に注目すると、そこには国民主権と平和主義が強く打ち出されています。

「ここに主権が国民に存することを宣言し」「日本国民は、恒久の平和を念願し」といった文章から、それは明らかです。

前文に続く第一章は「天皇」について記され、天皇は日本の象徴であり、これは主権のある国民の総意に基づくとしています。天皇の章から始まっているのは、旧憲法の構成を引き継いだからですが、その冒頭で国民主権が謳《うた》われているわけです。

続く第二章は「戦争の放棄」、第三章は「国民の権利及び義務」となっていますが、日本の憲法はコンパクトです。条文は憲法はエッセンスのみで、詳細は法律の定めによるとしているのが日本国憲法のスタイルです。

そのため、抽象的表現になりがちな**憲法条文は、解釈の幅をそなえ、結果的に柔軟性のあるものになっています。**ですから、憲法というと、厳粛で確固としたものというイメージがありますが、じつは柔軟性をもっているのが日本国憲法の特色なのです。

お答えしましょう!

前文と全11の章で構成され、全103条までありますが、世界的に見てもコンパクトにまとまったものです。

■日本国憲法の特徴

前文と11の章からなり、国民主権、平和主義、基本的人権の尊重などが謳われている。また、70年以上改正されておらず、条文の分量が少ないことも特徴。

KEYWORD

平和主義……戦争や暴力に反対し、恒久的な平和を志向する考え方。国民主権、基本的人権の尊重と並ぶ、日本国憲法の重要な基本原理のひとつ。

COLUMN 1

各国の憲法からわかるお国柄

憲法は国の「かたち」を定めるものだと述べましたが、その内容からは、**いかにもその国らしさを見てとることができます。**

たとえばアメリカ合衆国憲法の前文には、憲法制定の目的として5つのキーワードが出てきます。登場順に「正義の樹立」「平穏の保障」「防衛の備え」「福祉の増進」「自由の確保」の5つです。**アメリカ人の好む正義と自由は、憲法の冒頭に明記されていることがわかります。**

国の平穏を謳いながら、銃を持つ権利を憲法で保障しているのもアメリカらしさといえるでしょう。合衆国憲法修正第2条では「国民が武器を保有し携行する権利は、侵してはならない」と定めています。この国で憲法を守れと声を上げることは、**銃を持つ権利を守れという運動を意味しています。**

もっとも、矛盾という点では、中国にはとても及びません。中華人民共和国憲法の第35条には「言論、出版、集会、結社、行進及び示威《じい》の自由を有する」とあります。しかし、**中国で自由に発言したり、集会を開いたりすれば、たちまち当局に捕まってしまいます。**

以前、中国民主党という民主化運動をめざす政党ができたことがありましたが、憲法で結社の自由が認められているのだからと結党したとたん、国家政権転覆扇動罪でメンバー全員が逮捕されてしまいました。

ちなみに中国の憲法の前文に「台湾は神聖な領土の一部である」と記されています。この条文ばかりは空文化していないようです。

第1章

日本国憲法は どうやって生まれた？

世界でも例を見ない「戦争の放棄」を唱えた第九条を掲げ、恒久的な世界平和をめざすとした「平和の誓い」を謳う日本国憲法。その一方で、長らく日本国憲法はアメリカによる「押しつけ憲法」だとも批判されてきました。日本国憲法誕生の経緯から、その特徴までを見ていきましょう！

お答えしましょう！

民主主義の強化、基本的人権の尊重が明記されたポツダム宣言による要求から始まりました。

■ 始まりはポツダム宣言

トルーマン米大統領、チャーチル英首相、スターリンソ連書記長がポツダム会談をおこない、米英中の連名で日本に降伏勧告を発した。

求められた民主主義と基本的人権の尊重

もし日本が第二次世界大戦に勝利していたら、日本国憲法は生まれていなかったはずです。

日本は1945（昭和20）年8月15日、ポツダム宣言を受諾して降伏しました。**ポツダム宣言**とは、この半月ほど前に**米英中3カ国首脳の連名で日本に発せられた降伏勧告**です。そこには**軍国主義の撤廃や完全な武装解除**など13項目の要求が盛り込まれており、そのなかに**民主主義の強化と基本的人権の尊重**が明

POINT
ポツダム宣言の求めに応じて、国内改革に着手した。

■マッカーサーによる要求

マッカーサー最高司令官は、幣原首相をはじめ日本政府に対し、憲法の自由主義化を要求した。

記されていました。

戦時中の日本社会は、言論や思想・信教の自由はなく、戦争に異を唱える者は容赦《ようしゃ》なく捕らえられ、苛酷《かこく》な拷問を受けました。こうした非人道的なことが平然とおこなわれていた反省を踏まえ、終戦を迎えると、日本はポツダム宣言の求めに応じて国内改革に着手します。

連合国軍占領下の日本でもっとも権限をもっていたのは、ダグラス・マッカーサー最高司令官でした。終戦から2カ月後、マッカーサー司令官は新たに就任した幣原《しではら》喜重郎《きじゅうろう》首相に対して憲法の自由主義化を要求します。これを受けて幣原内閣は、憲法問題調査委員会を発足させ、大日本帝国憲法（明治憲法）の見直しにとりかかりました。

当時、作家の高見順は、国民の自由が自国の政府によってではなく、日本を占領した外国によってもたらされたことに、「羞恥《しゅうち》の感なきを得ない（恥ずかしいこと極まりない）」と書き残しています。

KEYWORD

ポツダム宣言……米英中3カ国の首脳が欧州の戦後処理と対日戦終結策を討議し、発した降伏勧告。

憲法の誕生

2

どうして「押しつけ憲法」といわれるの？

POINT

マッカーサーが求めた3原則は、天皇、戦争、封建制度についてだった。

「マッカーサー・ノート」とは何か？

その後、憲法問題調査委員会は憲法改正案をまとめますが、その内容を知ったマッカーサーは失望しています。旧来の明治憲法（大日本帝国憲法）と大差ないものだったからです。

松本国務大臣をはじめとする委員会のメンバーは、天皇が絶対的な権限をもつとした明治憲法の基本路線を変えるつもりはありませんでした。そのため、改正案でも天皇は「至尊ニシテ侵スヘカラス」の存在であり、「軍ヲ統帥ス」としていました。さらに国民を君主の支配対象を意味する「臣民」と表記していたのも旧憲法のままでした。

これに怒ったマッカーサーは、日本人に任せることはできないと判断して、連合国軍総司令部（GHQ）民政局に草案づくりを命じます。このときマッカーサーは、草案に盛り込むべき必須要件として3原則を提示しました。

「マッカーサー・ノート」と呼ばれる、その**3原則とは、①天皇の職務と権能は憲法に基づいて行使される、②日本は自衛のための戦争も放棄し、陸海空軍をもたない、③封建制度を廃止する**、というものです。

これをもとにGHQ民政局のメンバー25人によって憲法草案がつくられました。憲法草案はアメリカ人によってつくられたという事実は、当初伏せられていましたが、やがて世間の知るところとなります。それにともなって、日本の憲法は「アメリカによる押しつけ憲法だ」という批判の声が上がるようになったわけです。

お答えしましょう!

内閣案が不十分だったことから、マッカーサーの3原則を盛り込んだGHQによる憲法草案がつくられたためです。

■GHQによる憲法草案作成

マッカーサーが求めた３原則をもとに、ＧＨＱ民政局のメンバー25人によって憲法の草案作成は進められた。

KEYWORD

ダグラス・マッカーサー……米陸軍元帥《げんすい》。戦後、厚木飛行場から日本に入り、連合国軍最高司令官に就任した。

憲法の誕生

3

GHQが主導した憲法草案はどうやってできたの?

POINT

国際連合憲章をはじめ、世界の憲法を参考にした。

マッカーサーの3原則のうち、戦争放棄は削除された

憲法草案を作成したGHQ民政局のスタッフ25人のなかには、兵役に就くまで優秀な法律家や政治学者だった人物などが含まれていました。

彼らは7つの小委員会に分かれて、それぞれ担当の草案を作成し、上部の運営委員会でそれらを調整して全体をとりまとめました。驚くのは、この作業をわずか9日間でおこなっていることです。日本側はGHQが憲法草案を作成していることなど知るよしもありません。

じつはこのときGHQは、近日中に吉田茂外相と憲法改正についての会合をもつことになっていました。GHQとしては、その席でいきなりアメリカ案を日本側に提示して自分たちのペースに持ち込もうとしたわけです。

草案作成にあたり彼らが参考にしたのは、当時制定まもない**国際連合憲章をはじめ、アメリカ合衆国憲法やドイツのワイマール憲法、フィンランド憲法**などでした。

ただし、条文の構成については、ある程度、明治憲法を踏襲しており、GHQによる草案でも天皇についての条文から始まっています。

また、マッカーサー司令官が求めた3原則のうち、「自衛のための戦争も放棄すべし」については削除されました。これは草案作成に中心的役割を果たした弁護士のチャールズ・ケーディス大佐の判断によるもので、**すべての国には自国を守る権利がある**というのがその理由です。

お答えしましょう！

国際連合憲章をはじめ、アメリカやドイツなど、各国の新しい憲法を参考に作成しました。

■草案作成に向けて参考にしたのは？

「自衛のための戦争も放棄すべし」というのはやめよう。すべての国には自国を守る権利がある！
憲法草案作成会議
国際連合憲章
アメリカ合衆国憲法
ワイマール憲法
フィンランド憲法

制定まもない国際連合憲章をはじめ、世界各国の憲法を参考に、わずか９日間で草案を作成した。

KEYWORD

国際連合憲章……1945（昭和20）年6月26日、サンフランシスコで連合国50カ国が調印した国際条約。

憲法の誕生
4

日本国憲法は本当に「押しつけ憲法」なの？

POINT
憲法草案作成においては、日本側の改正案も参考にされた。

二院制にするなど日本側の主張も

草案作成にあたりGHQが参考にしたのは、国連憲章や外国の憲法ばかりではありませんでした。

そのころ日本国内でも政党や学者グループなどが独自の憲法改正案を発表しており、そうしたなかに学者や評論家からなる憲法研究会がまとめた「憲法草案要綱《ようこう》」がありました。そこには「統治権は国民より発す」として国民主権の原則が打ち出され、天皇については「国家的儀礼を司る」と明記。さらに国民は平等で、差別はあってはならず、誰しも健康で文化的な生活をする権利があると記されていました。

ここには、現在の日本国憲法の原型のような条項を見てとることができます。**GHQはこの「要綱」に強い関心を示し、内容について詳細に検討したことがわかっています。**このことから、日本国憲法の草案をつくったのはGHQですが、その中身は、少なからず日本の学者らによる「憲法草案要綱」が反映されているといえます。

しかもGHQによって作成された草案を日本側はそのまま受け入れたわけではありません。**日本の要望で変更されたりした箇所もあります。**

たとえば当初のアメリカ案では、国会は一院制でしたが、結果的に衆議院と参議院の二院制となりました。これは日本の主張が受け入れられたものです。

こうしたことから、日本国憲法は必ずしもアメリカの「押しつけ憲法」であるとはいえません。

お答えしましょう！

そんなことはありません。GHQは、日本の憲法研究会による改正案に注目し、参考にしていました。

■憲法草案作成には日本側の意見も採り入れられた

憲法草案作成においては、アメリカ案では国会を一院制とすることになっていたが、日本側の主張が受け入れられ、二院制になった。

KEYWORD

憲法研究会……森戸《もりと》辰男《たつお》ら学識経験者7名により結成され、1945（昭和20）年12月に国民主権の立憲君主制をとる「憲法草案要綱」を発表した。

憲法の誕生

5

憲法改正案の発表から施行までの歩みは？

POINT

改正案発表から、1年2カ月後に施行された。

旧憲法のもと戦後初の選挙を実施

日米でとりまとめた**「憲法改正草案要綱」が発表されたのは、1946（昭和21）年3月6日。**この草案は民主主義を具現化したものとして日本国民の多くが歓迎して受け止めています。それは当時、GHQが作成したとは国民が知らなかったせいでもありました。

ただ、このままでは読みにくいという声が上がり、ひらがなを用いた平易な口語体に改められました。このとき条文に手を入れたのが、『路傍《ろぼう》の石』などの作品で知られる作家の山本有三《ゆうぞう》です。つまり日本国憲法の条文には、プロの文章家の手が入っているわけです。

改正草案発表から1カ月後、戦後初の衆議院選挙がありました。このときの選挙はまだ新憲法成立前であり、旧憲法のもとでおこなわれています。

憲法改正案は、この選挙で選ばれた議員によって、まず衆議院で審議され、条文の修正や加筆などを経て賛成多数で可決（賛成421、反対8）。続いて、皇族議員や華族《かぞく》議員らによって構成された貴族院で審議され、一部修正を経て可決され、さらに天皇の諮問機関である枢密院《すうみついん》でも可決され、正式な日本国憲法が誕生しています。

なお、枢密院はこの新憲法の施行にともない廃止。貴族院もまた廃止され、新たに参議院が設立されました。

こうした経過を経て誕生した**新憲法は、終戦から1年3カ月後の1946年11月3日に公布され、翌年5月3日に施行**されました。

お答えしましょう!

改正案発表後、戦後初の衆議院選挙を実施し、衆議院・貴族院・枢密院で可決されたのち、公布・施行となりました。

■憲法改正案の発表から施行まで

旧憲法のもと戦後初の選挙をおこなって改正案を審議するなど、その過程はまさに民主主義を反映したものだった。

KEYWORD

憲法改正草案要綱 …… GHQ主導による改正案の提示を受けて、1946(昭和21)年3月6日に日本政府が公表した、日本国憲法の原案。

憲法の誕生

6

日本国憲法と大日本帝国憲法は何が違うの？

POINT

主権、天皇の位置づけ、戦争や軍隊、国民の義務、基本的人権などの記述が異なる。

戦前の歩みへの反省を起点とした日本国憲法

戦後の日本は、戦争へと突き進んだ戦前の歩みへの反省を起点としています。そのため、新たに制定された日本国憲法は、明治時代につくられた大日本帝国憲法とは抜本的に異なっています。

大日本帝国憲法は、明治天皇の勅命《ちょくめい》で草案がつくられ、天皇の諮問機関である枢密院の審議で決められた欽定《きんてい》憲法※でした。そこには国民の意思は反映されていません。このことからも、**日本国憲法の根幹をなす「国民主権」**こそ、旧憲法とのもっとも重要な違いというべきです。

旧憲法では第一条に「大日本帝国ハ万世一系ノ天皇之ヲ統治ス」とあり、また天皇は軍隊の指揮命令をおこなう統帥権をもっていました。かつての日本は、天皇こそが主権の国だったわけです。

また、**日本国憲法は戦争を放棄しています**が、旧憲法下の日本には軍隊があり、徴兵制が敷かれていました。戦前は納税とともに兵役が国民の義務とされていました。戦後は、**勤労と納税、および子どもに教育を受けさせることが国民の義務**になりましたから、これも旧憲法との大きな違いです。

さらに**基本的人権が重視**され、「侵すことのできない永久の権利」として保障されるようになったのも日本国憲法の重要な点です。もっとも、旧憲法においても、法律の範囲内で信教や言論・出版・集会の自由は一応認められていました。いわば限定付きの基本的人権だったことになります。

※君主によって制定された憲法

お答えしましょう!

日本国憲法の根幹をなす「国民主権」の部分が、もっとも重要な違いとなっています。

■日本国憲法と大日本帝国憲法の違い

日本国憲法		大日本帝国憲法
国民	主権	天皇
放棄	軍隊	常設
勤労・納税・教育	国民の義務	納税・兵役
保障	基本的人権	限定付きの保障

日本国憲法は、戦争の反省から「国民主権」へと舵を切っているね
かつての日本は、天皇こそが主権の国だったことが大日本帝国憲法からもわかるわ

KEYWORD

大日本帝国憲法……伊藤博文らが渡欧して研究し、君主権の強いプロセイン（ドイツ）憲法を手本に草案がつくられ、1889（明治22）年2月11日に公布、翌90年11月29日に施行された。主権は天皇にあるとされたのが特徴。

憲法の誕生

7

憲法の前文にはどんなことが書かれているの？

POINT

日本国憲法の理念と決意が、高らかに謳われている。

世界のなかの日本という視点

日本国憲法には条文の前に、700字ほどの前文が記されていることはすでに述べました。ここには日本がめざすものが掲げられています。**それは要するに「平和主義」と「国民主権」の2つ**です。

このことは、前文の最初のほうに、「政府の行為によつて再び戦争の惨禍が起ることのないやうにすることを決意し、ここに主権が国民に存することを宣言し、この憲法を確定する」と高らかに謳われていることからもわかります。

ひと言でいえば、この前文は「平和の誓い」と言い換えることができますが、大切なポイントがもうひとつ。それは、**恒久平和を人類普遍の理想とし、それを「国際協調」によってめざさなくてはならない**としていることです。

「われらは、全世界の国民が、ひとしく恐怖と欠乏から免かれ、平和のうちに生存する権利を有することを確認する」

「われらは、いづれの国家も、自国のことのみに専念して他国を無視してはならない」

とあるように、日本の平和と安定だけを願っているのではなく、世界平和のために努力することを誓っているのです。このように「世界のなかの日本」という視点が色濃くうかがえるのが、この前文のもうひとつの特徴といえます。

そして最後に、「日本国民は、国家の名誉にかけ、全力をあげてこの崇高な理想と目的を達成することを誓ふ」と力強く結んでいます。

お答えしましょう!

「平和主義」と「国民主権」の2つが記されています。それは「平和の誓い」と言い換えてもよいでしょう。

■日本国憲法の前文とは?

恒久平和を人類の理想として、それを国際協調によってめざすとした「平和の誓い」こそが、前文の最大の特徴である。

KEYWORD

日本国憲法前文……条文の前に700字ほどで高らかに謳われた日本国憲法の理念と決意であり、日本は「平和主義」と「国民主権」をめざすとした。

COLUMN 2

日本女性の権利向上に取り組んだベアテ・シロタ・ゴードン

終 戦後、日本国憲法の草案づくりをしたGHQ民政局のメンバーのなかに、ベアテ・シロタ・ゴードンという女性がいました。彼女は**日本の憲法に男女平等を盛り込む**など重要な役割を果たしています。

シロタというミドルネームから日系人と思われそうですが、彼女は著名なユダヤ人ピアニストだったレオ・シロタの娘で、5歳のとき、東京音楽学校から招聘《しょうへい》された父親とともに来日しています。

その後、10年ほど日本で過ごし、アメリカの大学に進んだのち、第二次世界大戦が終結すると、家族が日本にいたため、再び来日。日本語が堪能だったことからGHQに採用され、民政局で働きはじめます。

憲法の草案づくりでベアテが担当したのは人権分野で、とくに**女性の権利保障に熱心に取り組みました**。かつて日本で暮らした経験から、日本社会における女性の地位の低さを知っていたからです。

もっとも、彼女にとってGHQがまとめた草案は必ずしも満足のいくものではなかったようです。というのも、男女平等の理念は盛り込まれたものの、彼女が書いた具体的でこまかな取り決めの多くが上司の判断で削除されたからです。このとき、上司は**「憲法はこまかく書き込むものではない。詳細は日本人が決めればよい」**と言ったそうです。

今日、日本国憲法がコンパクトなのは、明治憲法のスタイルを受け継いでいるためと考えられますが、GHQの方針によるところもあるのでしょう。

第 2 章

天皇や戦争について、どう書かれているのか？

日本国憲法の特徴である「天皇」と「戦争」。「日本国民統合の象徴」たる天皇とはどういう存在で、どんな役割を担われているのか？　一方で、戦争放棄を謳い、戦力を保持しないとするなか、自衛隊はいかにして誕生し、どのようにとらえられているのか？　そのイロハから現在の論点までを解説していきます。

「日本国民統合の象徴」たる天皇ってどういうこと？

POINT

平成の天皇は、象徴天皇のありようを考えてこられた。

現地を訪れて被災者に寄り添う天皇

日本国憲法の制定により、天皇はそれまでの「神聖ニシテ侵スヘカラス」の存在ではなくなりました。どう変わったかというと、憲法第一条に**「天皇は、日本国の象徴であり日本国民統合の象徴」**と定められています。

象徴とはすなわちシンボルですが、「天皇は日本の象徴である」といわれても、具体的に天皇の役割やあるべき姿は、はっきりと見えてきません。実際、なんとなくわかったような、わからないような、曖昧《あいまい》な思いをもっている人は多いでしょう。

それはおそらく国民だけが抱いたものではなかったはずです。日本国憲法下で初めて即位された平成の天皇（現・上皇陛下）は、「日本国民統合の象徴」について、ご自身でずっと考えてこられました。象徴天皇の前例もお手本もなかったからです。

象徴天皇のありようを考えてこられた平成の天皇は、**国民に寄り添う**ことがその役割であるとお考えになったと思います。

東日本大震災のとき、天皇皇后両陛下が被災地を訪れ、避難所にいる被災者にひざまずいて言葉をかけておられた姿は、多くの国民の記憶に残っているでしょう。平成の天皇の被災地訪問は、1991（平成3）年の雲《うん》仙《ぜん》・普《ふ》賢岳《げんだけ》の火砕流災害で現地を訪問されたのが最初でした。

その4年後、阪神・淡路大震災でも被災者を励まされました。このように大きな災害があると、被災地を訪ねて人々に寄り添う。これが、象徴天皇とは何かを考え続けた平成の天皇のお答えだったわけです。

お答えしましょう!

神聖なる存在から、国民に「寄り添う存在」こそが象徴天皇の役割とお考えになられたのだと思います。

■天皇とはどんな存在か?

戦前

現在

天皇は、戦前は現人神《あらひとがみ》として敬われる存在だったが、現在は国民に寄り添う存在へと変わった。

KEYWORD

象徴天皇……憲法第一条の規定から、戦後の天皇は象徴天皇と呼ばれ、その制度は象徴天皇制と呼ばれる。

憲法に記された天皇の役割とは？

POINT
天皇は政治にはかかわらず、国事行為のみをおこなう。

天皇の国事行為は国民をまとめる重要な役割

天皇の役割について、憲法第四条に**「天皇は、この憲法の定める国事に関する行為のみを行ひ、国政に関する権能を有しない」**と定められています。

実際の**政治にかかわることはできず**、国会の召集や衆議院の解散、大臣の任免などの国事をおこないます。それらの国事行為は、すべて内閣の助言と承認のもとでおこなわれており、天皇の役割は、いわば形式上のものです。

それでも、こうしたかたちをとっているのは、国の政治活動の節目節目で天皇が登場することは国民がひとつにまとまるうえで重要な役割を果たしていると考えられているからです。

天皇がおこなう具体的な国事行為については、憲法第七条に定められており、それは以下のとおりです。

①憲法改正・法律・政令・条約の公布
②国会の召集
③衆議院の解散
④総選挙の施行公示
⑤国務大臣およびその他の官吏の任免および大使・公使の信任状認証
⑥大赦《たいしゃ》・特赦《とくしゃ》・減刑・刑の執行の免除および復権の認証
⑦栄典の授与
⑧批准書・外交文書の認証
⑨外国大使・公使の接受
⑩儀式の執行

かなり多岐にわたっていますが、どれも天皇がおこなうことで国事としての重みと厳粛さがそなわります。それができるのは、日本でただひとり、天皇だけです。

お答えしましょう!

天皇は、国事行為をおこないます。形式的なものですが、国民をまとめるうえで重要な役割を果たしています。

■天皇がおこなう国事行為

① 憲法改正・法律・政令・条約の公布

② 国会の召集

③ 衆議院の解散

④ 総選挙の施行公示

⑤ 国務大臣およびその他の官吏の任免および大使・公使の信任状認証

⑥ 大赦・特赦・減刑・刑の執行の免除および復権の認証（119ページ参照）

⑦ 栄典の授与

⑧ 批准書・外交文書の認証

⑨ 外国大使・公使の接受

⑩ 儀式の執行

官吏の任免とは、国家公務員の任命と免職のことです

KEYWORD

国事行為 …… 内閣の助言と承認のもと、天皇が国のためにおこなう儀礼的、または形式的な行為。

私たちが知らない天皇のジレンマとは？

自分の意思を自由に表明できない!?

天皇は公務について、うかつに自分の意思を表明することはできません。もし公務が多くて大変だから減らしたいと発言すれば、天皇の国事行為を定めた憲法第七条に抵触する可能性があるからです（天皇の公務には国事行為のほかに、外国訪問などの「公的行為」もたくさんあります）。

しかも、**憲法を守る義務を負う国務大臣や国会議員などの権力者側のなかには天皇も含まれています。**つまり、みずから憲法を守らなければならない側にいる天皇が憲法の定めを破ることはできないのです。

こうしたジレンマに直面したのが現在の上皇陛下でした。

周知のように上皇陛下は退位をされましたが、その決定までには長い時間を要しています。陛下はかねて宮内庁幹部には退位の意向を伝えていたといわれています。したがって、その意向は宮内庁を通じて内閣にも伝わっていたはずです。しかし、仮に陛下の意向に沿うように内閣が新たに法律をつくると、天皇の意思が政治的権能を果たしたことになってしまいます。

そこで、当時の安倍内閣は天皇の退位について議論する有識者会議を設置し、検討を続けました。そして、一代限りの退位を認める特例法を設ける方針を決定します。こうして２０１７（平成29）年6月、「天皇の退位等に関する皇室典範《てんぱん》特例法」が公布されました。

あくまで今回は「特例」とすることで、天皇は法改正という国政に関与しないかたちをとったといえます。

POINT
天皇は、政治に影響を与えないようにする必要がある。

お答えしましょう!

政治にかかわれないお立場のジレンマは、たとえば現・上皇陛下の生前退位までの経緯に表れています。

■天皇退位実現までの経緯

START
2016年8月
天皇陛下が「生前退位」の意向を示唆するビデオメッセージを公開
2016年9月
政府、天皇・皇室に関する有識者会議を設置
2017年3月
衆参両院が天皇陛下の退位を認める特例法制定を促す提言をまとめる
2017年4月
有識者会議が最終報告を発表
2017年5月
政府、天皇退位特例法案を閣議決定
2017年6月
特例法が国会で可決、成立
2017年12月
政府、政令で退位日を2019年4月30日にすると閣議決定
GOAL
生前退位の意向が示唆されてから、実際に退位するまでには長い時間を要しています

KEYWORD

上皇……譲位した天皇の称号である「太《だ》上《じょう》天皇」の略称。日本史上、最初に上皇となったのは持統天皇。現・上皇陛下が天皇退位をされたのは、江戸時代後期の1817（文化14）年に退位した光格《こうかく》天皇以来、202年ぶりのことだった。

皇位継承はどうやって決まるの？

POINT
皇室典範の第一条によって定められている。

皇位継承資格拡大の議論も

天皇制をもつ日本では皇位継承はたいへん重要な問題です。これについては、憲法第二条が「国会の議決した皇室典範の定めるところにより、これを継承する」と定めています。

皇室についての規則が定められた皇室典範は、戦前は憲法と同等に位置づけられ、法律ではありませんでした。戦後、ほかの法律と同様に憲法の下に置かれるようになりましたが、名称は旧来のままです。

その皇室典範の第一条に**「皇位は、皇統に属する男系の男子が、これを継承する」**と定められています。

男系とは父方の血筋ということですが、今上《きんじょう》天皇の娘の愛子内親王《ないしんのう》は、いうまでもなく男系です。しかし、男子ではないので、いまの皇室典範では皇位につくことはできません。

現在の皇室で皇位継承の資格をもつ方というと、皇位継承順に秋篠宮文仁《あきしののみやふみひと》親王、秋篠宮家の長男の悠仁《ひさひと》親王、上皇の弟の常陸宮正仁《ひたちのみやまさひと》親王の3人です。

2005（平成17）年におこなわれた皇位継承問題の有識者会議で、少子化のなかで男系継承を安定的に維持するのは困難であることから、「皇位継承資格を女子や女系の皇族に拡大することが必要である」と報告されました。この翌年、秋篠宮家に悠仁親王が誕生し、日本中に安堵感が広まりました。

しかし、将来もし悠仁親王に男子ができなかったら、どうなるのか。現行の皇室典範では天皇制の存続が危ぶまれているのはいまも変わりありません。

お答えしましょう！

皇位は現在は男系男子のみが継承することになっており、天皇制の存続が危ぶまれているのは事実です。

■皇位継承資格と継承順位

注：丸数字は皇位継承順位。また、すでに皇籍離脱している黒田清子さんや小室眞子さんは系図から外している。

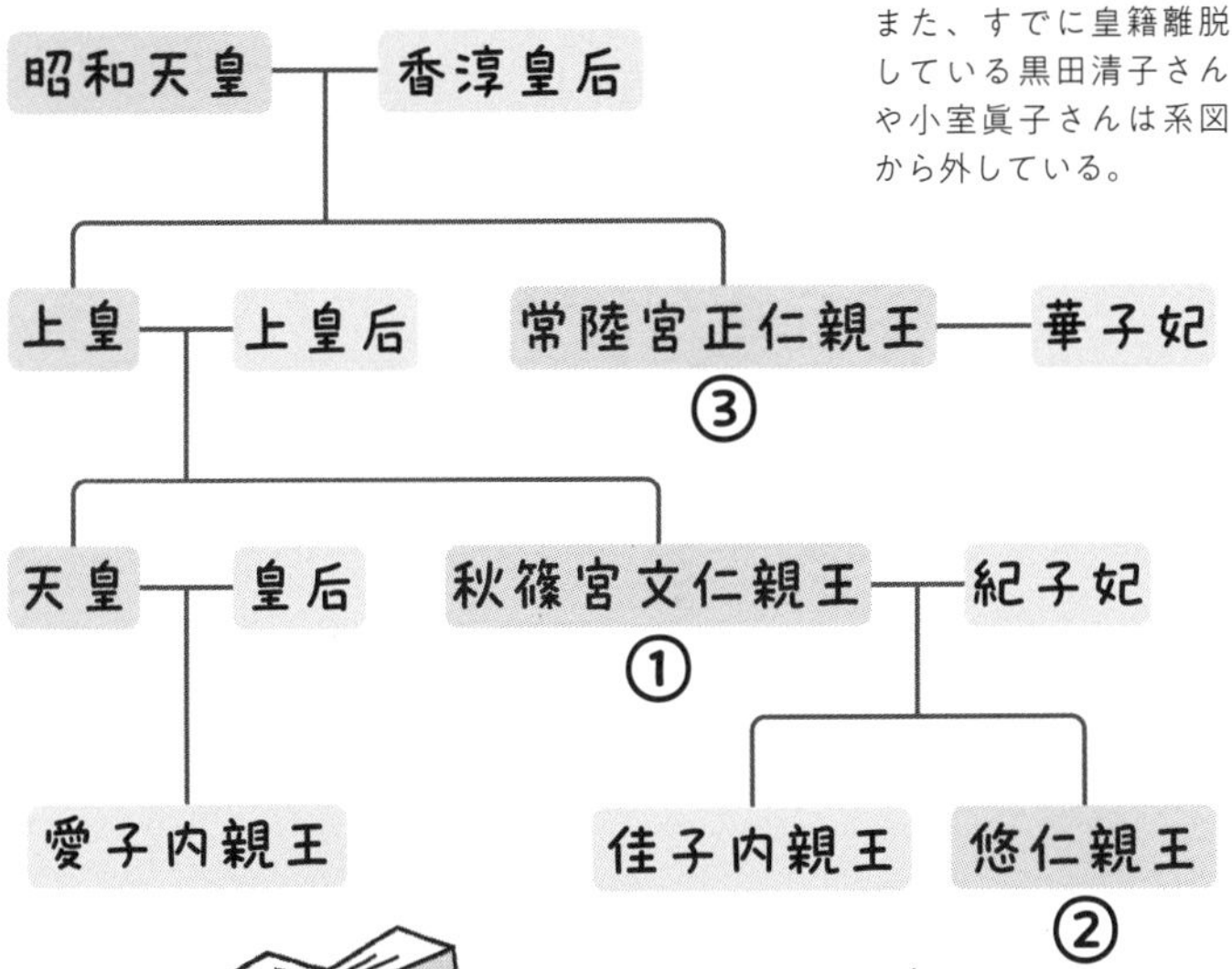

KEYWORD

皇室典範……皇位の継承・即位、皇室経費などを規定した皇室関係の法規。明治憲法とともに制定されたが、1947（昭和22）年、新たに現行のものが公布された。

皇族の財産はどのように扱われているの？

POINT
生活費なども皇室経済法によって定められている。

莫大な財産もほとんど国有に

皇室財産といわれるものには、どのようなものがあるのでしょうか。まず皇居と赤坂御用地。それから天皇皇后両陛下や皇族方の別荘である葉山御用邸と那須御用邸。そのほかに京都御所や桂離宮、さらに歴代天皇の陵墓《りょうぼ》も皇室財産です。

こうした**皇室財産について憲法第八八条は、すべて国に帰属するとし、「すべて皇室の費用は、予算に計上して国会の議決を経なければならない」**と定めています。

つまり皇族には私有財産がないのですが、戦前の皇室は莫大な財産を所有していました。終戦後、ＧＨＱが算出した昭和天皇の財産は約37億円。そのほとんどが国有になり、昭和天皇に残された金融資産は１５００万円程度でした。

皇室財産については、憲法第八条にも「皇室に財産を譲り渡し、又は皇室が、財産を譲り受け、若しくは賜与することは、国会の議決に基かなければならない」と定められています。

さらに第八八条の**「皇室の費用」については、皇室経済法で費用の種類が決められています。**それは、天皇・上皇をはじめとする皇族の生活費にあたる内廷費、皇族としての品位保持の元手にあてるために宮家に支出される皇族費、皇室の儀式や国賓の接遇《せつぐう》、皇居施設整備などに必要な宮廷費の3種類です。

ちなみに、２０２２年度の内廷費は3億２４００万円で、これは１９９６（平成8）年から、すでに4半世紀以上変わっていません。

お答えしましょう！

皇室に私有の財産は存在しません。すべての財産は国に帰属し、皇室費用の予算は国会の議決を要します。

■皇室財産とは？

皇居
桂離宮
京都御所
これらのほか、赤坂御用地や葉山御用邸、正倉院、陵墓なども皇室財産です

KEYWORD

皇室財産 …… 戦前は莫大な株券・貨幣や土地・山林などの皇室御料地が設定されていたが、戦後、大部分が国有化された。

天皇は国家元首といえるの？

POINT
日本国憲法には、じつは国家元首に関する規定がない。

国家元首は天皇か総理大臣か？

前述した天皇の国事行為のなかに「外国大使・公使の接受」があります。日本に派遣された大使は自国の元首から受け取った信任状を天皇に奉呈《ほうてい》します。大使というのは、いわばその国の元首の代理です。

そんな大使が天皇に信任状を渡すのですから、天皇は外国から国家元首としての扱いを受けていることになります。しかし、**日本国内では天皇が国家元首であるかどうかは専門家によって意見が分かれています。**

憲法第一条が定めるように天皇は「日本国民統合の象徴」であり、国民を代表する存在ゆえに、元首にふさわしいとする考え方は当然あります。

しかし、天皇は政治にかかわっていません。したがって、政治のトップである総理大臣が元首であるべしという考え方がある一方で、その総理大臣を任命するのは天皇ではないか、という指摘もあります。アメリカの国家元首はバイデン大統領ですが、イギリスの国家元首はスナク首相ではなく、チャールズ国王です。

日本の場合、制度的にはイギリスに近いのですが、イギリスの国王と日本の天皇では法的な位置づけが異なります。

2012（平成24）年に自民党がまとめた日本国憲法改正草案では、天皇は日本国元首であると明記していますが、憲法には国家元首についての規定がありません。そのため「天皇は国家元首であるかそうではないか」の議論に決着をつけるのは簡単ではないのが実情です。

お答えしましょう！

外国からは天皇が国家元首の扱いを受けていますが、じつは意見が分かれています。

■国家元首とは？

この４人のうち、はっきりと国家元首といえるのはチャールズ国王（イギリス）とバイデン大統領（アメリカ）です。

KEYWORD

国家元首……一般的には、行政権の長として対外的代表権を持つ存在を元首と呼ぶ。君主制の国では国王が、共和制の国では大統領が元首とされることが通例。

自衛隊は憲法違反になるの？

自衛隊に関して最高裁も判断しなかった

ここから日本国憲法の重要な柱である「戦争の放棄」について述べていきましょう。第九条ではこう定めています。

「日本国民は、正義と秩序を基調とする国際平和を誠実に希求し、**国権の発動たる戦争と、武力による威嚇又は武力の行使は、国際紛争を解決する手段としては、永久にこれを放棄する。**

②前項の目的を達するため、**陸海空軍その他の戦力は、これを保持しない。**国の交戦権は、これを認めない」

まず注目したいのは、「戦力を保持しない」とした憲法に自衛隊は反していないかどうかです。これについて裁判で争われたことがありました。1968（昭和43）年に北海道で自衛隊のミサイル基地建設計画がもちあがり、住民が「憲法違反の自衛隊の計画に公益性はない」として訴訟を起こしたものです。

5年後、札幌地裁は自衛隊を憲法違反と認定しました。しかし、控訴審で札幌高裁は一審判決を取り消し、「自衛隊の存在は高度に政治的な問題であり、きわめて明白に違憲と言えない場合は、裁判所が判断するものではない」としました。

この訴訟は最高裁までいきましたが、最高裁も判断を下していません。このように高度に政治的な問題は裁判所が口を出さないほうがいいとする考え方を「統治行為論」といいます。ただし、最高裁は憲法違反かどうかを判断する最終機関であると憲法が定めており、最高裁はその任務を果たしていないという批判もあります。

POINT

憲法第九条が定める戦力に自衛隊は該当するのか?

お答えしましょう！

自衛隊を「違憲」とするかどうかについては、じつは最高裁判所も判断を下していません。

■自衛隊は「戦力」といえるのか？

最高裁判所
判断しません！

最高裁はその責務を果たしていないという批判があるのも事実です

自衛隊が違憲か合憲かについては、過去に最高裁判所でも争われたことがあるが、判断は下されなかった。

KEYWORD

統治行為論……高度な政治性を帯びた国家行為については、司法審査の対象から除外するという理論。

天皇と戦争
8

日本政府が自衛隊を合憲とする根拠は？

POINT
憲法第九条は自衛権までを放棄してはいないと解釈している。

憲法草案時からGHQも自衛戦力は想定していた!?

自衛隊が違憲か合憲かの判断は、憲法第九条の「戦争の放棄」をどう解釈するかによって違ってきます。歴代の日本政府がとってきた解釈はこうです。

憲法第九条は「国権の発動たる戦争」と「武力による威嚇又は武力の行使」を放棄しているが、自衛権についてはそうではない。ゆえに、自国を守るための自衛力はもつことができる。

この解釈を可能にしたのが、1946（昭和21）年のGHQ作成の憲法草案に、日本側が修正を求めた「芦田《あしだ》修正」です。衆議院帝国憲法改正案委員会の委員長だった芦田均《ひとし》は、憲法第九条2項の条文「陸海空軍その他の戦力は、これを保持しない」の前に**「前項の目的を達するため」と付け加えました。**

前項とは、戦争と武力の行使は「国際紛争を解決する手段としては、永久にこれを放棄する」という条項です。これを指して「前項の目的を達するため」の一文を加えることで、自衛のための戦力はその限りではないと解釈できるというわけです。

この修正を受けてGHQは、新たな条項を設けています。第六六条にある「内閣総理大臣その他の国務大臣は、文民でなければならない」がそうです。

これは総理や大臣は軍人ではいけないという意味ですが、第九条で戦争も軍も否定しているのに、ここでわざわざ「文民」と規定しているのは変です。このことから、いずれ日本が自衛の組織をもつようになることを、GHQはこのときすでに前提にしていたと考えられます。

お答えしましょう!

憲法草案時の芦田修正によって、「自衛隊保持は合憲」の解釈が可能になったためです。

■「芦田修正」とは何か?

芦田均
戦争と武力の行使は、国際紛争を解決する手段としては放棄し、この「目的を達するため」の戦力は保持しない。だから、自衛のための戦力はその限りではないのです

憲法第九条２項の条文に「前項の目的を達するため」の文言を付け加えることで、自衛のための戦力はもてるという解釈を可能にした。

KEYWORD

芦田均 …… 戦後、日本自由党の結党に加わるも、1947（昭和22）年に離党して民主党を結成。48年3月には芦田内閣を組織した。

どのようにして自衛隊は誕生したの？

POINT
朝鮮戦争と日本の共産化を恐れて、警察予備隊が誕生した。

マッカーサーが命じた警察予備隊創設

日本は戦争を放棄し、軍隊をもたない。この憲法第九条の規定に頭を抱えることになったのは、じつはアメリカでした。

1950（昭和25）年6月、朝鮮戦争が勃発すると、劣勢の韓国軍を助けるため、アメリカは日本に駐留していた米兵7万5000人のほとんどを韓国に送り込みます。そのため、日本国内の警備が手薄になりました。アメリカが恐れたのは、日本で社会主義勢力が革命を起こすといった事態でした。

そこで、**マッカーサー司令官が日本に命じたのが「ナショナル・ポリス・リザーブ」（警察予備隊）の創設です。**アメリカは憲法草案をつくって日本に戦力をもたせないことにした以上、軍隊をつくらせることはできません。そのため苦肉の策で創設させたのが、警察力を補うという名目の警察予備隊でした。

この警察予備隊が今日の自衛隊の始まりです。翌1951（昭和26）年9月のサンフランシスコ講和条約により連合国による占領が終わると、その翌年、**警察予備隊はこれを強化・発展させた保安隊に改編。**同時に、それまで海上保安庁の一部だった**海上警備隊は同庁から独立して警備隊になっています。**

この保安隊と警備隊を管轄する行政機関として保安庁が設立され、2年後の1954（昭和29）年に保安庁は防衛庁となり、**保安隊は陸上自衛隊、警備隊は海上自衛隊にそれぞれ改組。**さらに、このとき航空自衛隊が創設され、現在の自衛隊のかたちができあがっています。

お答えしましょう!

まず警察予備隊が創設され、保安隊・警備隊へと強化され、その後、自衛隊に改組されました。

■警察予備隊の創設

1950年6月の朝鮮戦争勃発後、8月にマッカーサーの要請で警察予備隊が設置された。

KEYWORD

サンフランシスコ講和条約……1951(昭和26)年9月8日締結、52年4月28日に発効された、日本と連合国の講和条約。これにより日本は主権を回復した。

自衛隊が海外派遣されるようになったのはなぜ？

日本もカネだけではなく汗を流す必要がある!?

1991（平成3）年、海上自衛隊は湾岸戦争終結後のペルシャ湾に派遣され、機雷除去の任務にあたりました。これが自衛隊初の海外派遣です。

イラクのクウェート侵攻によって始まった湾岸戦争では、他国が多国籍軍を編成するなか、戦闘行為に参加できない日本は多国籍軍に資金援助するのみ。そのため、海外から「自分たちは血や汗を流しているのに、日本はカネを出すだけなのか」と非難の声が上がりました。

機雷除去のために自衛隊の海外派遣が決まったのは、それからまもなくです。翌92年には「国際連合平和維持活動等に対する協力に関する法律」（PKO協力法）が成立。憲法第九条により紛争地への派遣はできませんが、**停戦後に国連がPKOに動き出せば自衛隊も活動できるようになりました。**

この法制化により自衛隊の海外派遣は本格化します。カンボジア、モザンビーク、東ティモールなどへの派遣を経て、2001（平成13）年以降は、インド洋での給油活動に従事するようになります。これはアフガニスタン紛争におけるアメリカ軍への後方支援です。

このインド洋派遣は「テロ対策特別措置法」に基づくものであり、さらに**2003年には「イラク復興支援特別措置法」が制定。これにより、自衛隊は戦闘地のイラクでも活動するようになります。**このように自衛隊の海外派遣は「国際貢献」を旗印にして、しだいに拡大していきました。

POINT
国際貢献を旗印に、自衛隊の海外派遣は拡大している。

お答えしましょう!

湾岸戦争を機にPKO協力法が制定され、その後、自衛隊の海外派遣が本格化しました。

■拡大する自衛隊の海外派遣

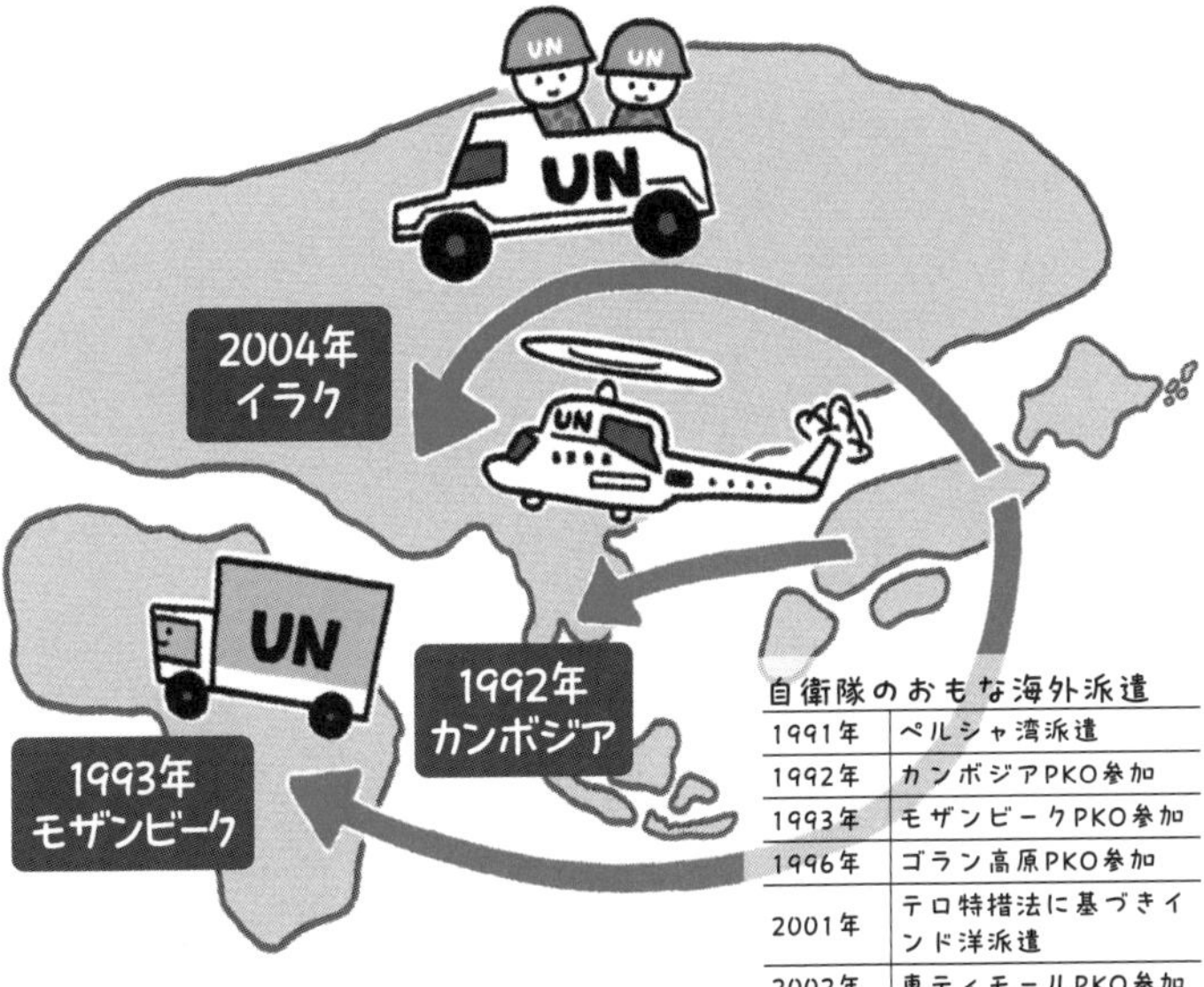

自衛隊のおもな海外派遣

1991年	ペルシャ湾派遣
1992年	カンボジアPKO参加
1993年	モザンビークPKO参加
1996年	ゴラン高原PKO参加
2001年	テロ特措法に基づきインド洋派遣
2002年	東ティモールPKO参加
2004年	イラク特措法に基づきイラク派遣
2007年	ネパールPKO参加
2012年	南スーダンPKO参加

※このほかにも、災害救助などを目的にした派遣がある

国際貢献を旗印に、
自衛隊の海外派遣は拡大した。

KEYWORD

PKO …… 国際連合平和維持活動（PeaceKeeping Operations）。紛争当事者間に国連が立って、停戦や軍の撤退の監視などをおこなって事態の沈静化を図り、紛争当事者に間接的に平和的解決を促す活動。

よく耳にする「集団的自衛権」とは何ですか？

POINT
従来、日本は集団的自衛権を認めていなかった。

第九条の解釈を見直し、集団的自衛権を認める

自国を守るために戦う権利を自衛権といいます。**自衛権には個別的自衛権と集団的自衛権の2つがあります。**

個別的自衛権は、他国から侵略されたときに自国を守るために戦うことで、これは国際社会に認められている権利です。

一方、直接自国が攻撃されなくても、お互いに助け合うグループの国が攻撃されたとき、その国を助けるために戦う。これが集団的自衛権で、こちらも国連で加盟各国の権利として認められています。

では、日本はこの2つの自衛権をどうとらえてきたか。憲法第九条で戦争放棄を謳っていますが、他国から攻撃を受けた場合の防戦はその限りではない、というのが歴代政権の考え方です。つまり、**個別的自衛権は日本も認めてきた**わけです。

集団的自衛権について内閣法制局の過去の見解は、日本も独立国である以上、2つの自衛権をもつが、他国を応援する戦争はできないので、**集団的自衛権は使えない**というものでした。第九条で「国際紛争を解決する手段として」の武力行使は放棄しているため、集団的自衛権は行使できないというわけです。

しかし2014（平成26）年、**安倍内閣は、第九条の解釈を見直し、集団的自衛権を認める閣議決定**をしました。このとき安倍首相は、日本と密接な関係にある国が武力攻撃された場合、日本の存在が脅かされる危険があり、そうした状況では、国民を守るために集団的自衛権も認められると述べています。

お答えしましょう!

仲間の国を助けるために戦う権利のことで、日本でもこれを認める閣議決定が2014(平成26)年になされました。

■個別的自衛権と集団的自衛権

KEYWORD

集団的自衛権……自国と密接な関係にある外国に対する武力攻撃を、自国が直接攻撃されていないにもかかわらず、実力をもって阻止する権利。

集団的自衛権に設けられている3つの条件とは？

POINT

3つの条件をクリアして初めて集団的自衛権は行使される。

第九条の解釈変更の背景にアメリカの圧力が!?

集団的自衛権が閣議決定で認められたとはいえ、この権利を行使するには3つの条件が設けられています。

それは、**①日本と密接な関係にある国が武力攻撃を受け、日本の安全にも重大な影響をおよぼし、②日本の国民を守るためにほかに適当な手段がないとき、③必要最小限の実力行使をおこなう、**というものです。

つまり限定付きの集団的自衛権ですが、これが行使される現実的なケースとして、どんな事態が考えられるでしょうか。

まず「日本と密接な関係にある国」とはアメリカです。そもそも当時の安倍内閣が憲法改正ではなく、憲法の解釈変更という方法で集団的自衛権の容認を急いだ背景には、アメリカの強い圧力があったと思われます。

そのアメリカの軍が仮に中東で攻撃されたとして、日本が自衛隊を中東に派遣するかというと、それはありません。しかし、外国の攻撃にさらされているアメリカ人のなかに日本人もいたとしたらどうでしょうか。

アメリカ軍が自国民を救出しようとしたとき、そこに日本人がいたら、一緒に助けてくれる可能性はあるでしょう。でも、そんな厚意に期待して、日本人が危機にさらされているのに日本が何もしないのは、どう考えてもおかしい——。

だから、こういう場合は、自衛隊が出動してアメリカ軍と行動をともにすることがありうる。限定付き集団的自衛権とは、こうしたケースで行使されると想定できます。

お答えしましょう!

①他国が攻撃されて日本に影響があり、②国民を守る適当な手段がないとき、③必要最小限の実力行使をします。

■集団的自衛権を行使するケースとは?

海外で友好国の国民とともに日本人が危険にさらされるとき、友好国の軍とともに自衛隊が行動するといったケースが想定されています。

KEYWORD

憲法解釈 …… 日本国憲法の条文には解釈の幅がある。そこで、社会状況の変化に応じて、憲法と現実のあいだに乖離が生じた場合などに、政府や議会、裁判所などに解釈する権限がある。

第九条の改正案にはどんなものがある？

POINT
自衛隊と憲法の整合性から疑問の声が出ている。

自衛隊明記案には法体系からの疑問も

憲法改正の悲願を果たせないまま亡くなった安倍晋三元首相は、**第九条に自衛隊を明記すべきだ**と主張していました。

自然災害の救助やPKOなどで活躍してくれている自衛隊員の士気を上げるためにも、自衛隊が違憲ではないことをはっきりさせなければならない。それには第九条に自衛隊を認める条項を加えるべし、というのが安倍氏の考えでした。

しかし、この自衛隊明記案には、一部の法学者から疑問が指摘されています。

というのは、自衛隊を管轄する防衛省は防衛省設置法という法律に基づいて運営されています。そのため、憲法で自衛隊を明記すると、憲法の下に位置する法律に基づく防衛省が自衛隊をコントロールするという、法体系として奇妙なことになってしまうからです。

一方で、憲法に**自衛隊を明記しなくても、第九条の2項を削除すればよい**とする案もあります。2項とは「陸海空軍その他の戦力は、これを保持しない。国の交戦権は、これを認めない」の条項です。

戦争はしないけれども、もともと自衛権はどの国にもある。したがって、それを行使するための自衛隊を憲法にわざわざ明記する必要はない、というわけです。

そのほか、政治家だけでなく法学者や評論家も含めて、いろいろな改正案が出ていますが、大切なのは、国民一人ひとりが自分のこととして憲法のあり方を考えることだと思います。

お答えしましょう!

第九条に自衛隊を明記する案をはじめ、第九条の2項を削除する案など、さまざまな改正案が出ています。

■自衛隊明記案を主張していた安倍元首相

自然災害の救助やPKOなどで活躍する自衛隊の位置づけを明確にするために、第九条に自衛隊を認める条項を加えるべきだ、と主張していました。

KEYWORD

自衛隊明記案 …… 自民党が提案している改正案。現行の第九条１項・２項の解釈は維持したまま、自衛隊を明記し、自衛の措置（自衛権）についても言及するという案。

COLUMN

3 日米安保条約は「持ちつ持たれつ」？

1951（昭和26）年9月、サンフランシスコ講和条約が締結されましたが、このときにもうひとつ、戦後の日本の歩みを決定づける重要な条約が結ばれています。日米安全保障条約です。

これにより日本は米軍の日本国内駐留を認めるとともに、他国からの攻撃に対する防衛を米軍に依存することになりました。もっとも、このときの条約にはアメリカが日本を防衛する義務については明記されておらず、不公平な条約でした。そのため、のちに岸信介《きしのぶすけ》首相が条約改定に乗り出し、1960（昭和35）年にアメリカの日本防衛の義務が課せられました。これが現在の日米安保条約です。

その第五条にアメリカの対日防衛義務が定められています。日本の施政下にある領域での武力攻撃に対して、日米両国は「共通の危険に対処するように行動する」としています。つまり、**アメリカは日本の防衛のために集団的自衛権を行使する**ということです。一方、日本は憲法の規定により、長年これを行使することはできませんでした。近年、集団的自衛権を行使できるように第九条の解釈変更がなされましたが、**アメリカにしてみれば安保条約は不平等なものでしょう。**

ただし、安保条約第六条で日本は、アメリカが日本のためだけでなく、極東の平和維持のためにも日本の基地を使用することを認めています。これにより第五条の不平等性は相殺されるとも考えられます。**安保条約はこのような微妙なバランスの上に成り立っているのです。**

第 3 章

憲法ってどうやったら変えられる？

近年、話題を集めているのが「憲法改正」です。なぜ憲法改正の声が上がるのか？　第九条以外の論点は何か？　改正するための手続きとはどんなものか？　他国では憲法改正は当たり前のことなのか？　憲法改正は国民投票で決まることだからこそ、何が論点で問題になるのかを知っておきましょう。

憲法改正の手続きはどうなっているの？

お答えしましょう!

改正するためには、衆参両院で3分の2以上の賛成で発議後、国民投票で過半数の賛成が必要です。

■ 憲法改正の手続き

➡ 第九六条

衆議院議員100人以上、参議院議員50人以上の賛成で国会に原案が提案でき、両院本会議で3分の2以上の賛成で発議、国民投票で過半数の賛成が得られることで改正される。

憲法改正は18歳以上の国民投票で決まる

憲法改正に必要な手続きについては、第九六条に定められています。すなわち、**衆参両院それぞれで総議員の3分の2以上の賛成により発議※されたのち、国民投票で過半数の賛成により承認される、**というものです。

法改正の場合は衆参両院それぞれで過半数の賛成があれば成立するので、法律と比べると、憲法改正はハードルが高いことがわかります。なにしろ国のかたちを定める憲法ですから、そ

POINT

法改正に比べてかなり高いハードルが設けられている。

※意見や議案を提出し、審議を求めること

■憲法と法律の改正のハードル

法律改正に比べると、憲法改正のハードルはかなり高い。

う簡単に変えられないような仕組みになっているわけです。現に日本国憲法は、これまで一度も改正されていません。

もっとも、憲法を改正しようにも、それに必要な法律は長年にわたって存在しませんでした。第九六条が定める国民投票をどのようにおこなうかを決める法律ができたのは、２００７(平成19)年のことです。

この「憲法改正国民投票法」により、憲法改正の原案については、衆議院議員１００人以上、参議院議員50人以上の賛成をもって国会に提案することができます。そして、両院本会議で3分の2以上の賛成で発議されれば、60日から１８０日以内に国民投票が実施されます。

ちなみに投票権をもつのは18歳以上。２０１５(平成27)年の公職選挙法改正により選挙権年齢が18歳以上に引き下げられましたが、それよりも早く国民投票は18歳以上と定めており、画期的なことだったといえます。

KEYWORD

憲法改正国民投票法……第九六条に基づき、憲法改正に必要な手続きである国民投票に関して規定する法律。

ほかの国は憲法を改正しているの？

POINT
硬性憲法の国と軟性憲法の国がある。

改正しづらい硬性憲法と改正しやすい軟性憲法

日本国憲法のように改正手続きのハードルが高く、**変えるのが容易でない憲法のことを「硬性憲法」**といいます。これに対して、立法や法改正の手続きと大差がなく、**改正が容易な憲法を「軟性憲法」**といいます。先進国は基本的に硬性憲法とされています。

とはいえ、硬性にもレベルがあり、欧米諸国がみな日本国憲法のようかというと、そんなことはありません。日本のように制定から70年以上一度も改憲していない国は、世界でもほとんど例がないからです。

たとえば日本と同じ第二次世界大戦の敗戦国であるドイツの憲法にあたるドイツ基本法は、1949年の制定から2019年までじつに63回も改正されています。もっとも、この多くは東西ドイツの統一やEUに絡む改正で、日本とは事情が異なります。とくにドイツの場合は基本法ですから、こまかな法律が盛り込まれており、EUが新しいルールを定めるたびに変更を余儀なくされるわけです。

憲法学者の西修《にしおさむ》・駒澤大学名誉教授の調べによると、憲法改正の多い国の代表はノルウェーで、1814年の制定以降、じつに400回以上との説があるそうです。また、メキシコが225回（1917～2017年）、インドが104回（1949～2019年）と続きます。

一方、少ない国でも7～8回は改正しており、アメリカでは1787年から1992年までの200年あまりのあいだに18回改正しています。

※国立国会図書館の2021年調査による

お答えしましょう!

多い国で数百回、少ない国でも7~8回は改憲しています。一度も改憲していない日本は珍しい国です。

■硬性憲法と軟性憲法の国

軟性憲法
立法や法改正の手続きと大差なく、改正が容易。
軟性憲法
硬性憲法
硬性憲法
改正の手続きのハードルが高く、先進国に多い。

改正の多い軟性憲法の国の代表はノルウェーやメキシコ。一方、先進国は基本的に硬性憲法が多いとされるが、ドイツは例外的に改正数が多い。

KEYWORD

憲法改正 …… 国家権力の行使のあり方を改めるために、憲法の条文を修正、追加、または削除すること。本文で紹介した国以外では、フランスが27回、イタリアが16回、オーストラリアが5回、中国が10回、韓国が9回の憲法改正を第二次世界大戦後におこなっている(※)。

改憲の基礎知識 3

そもそも、なぜ改憲論が生まれたの？

POINT
憲法改正は自民党結党時からの悲願。

周辺国の動きが改憲論を活発化させている一面も

前述のとおり日本国憲法は、GHQが日本人の考えた草案を参考のうえ、日本政府の主張も採り入れてつくられており、アメリカによる一方的な押しつけ憲法とはいえません。

しかし戦後の日本では、**現行憲法は押しつけられたものであるとして自主憲法制定を求める**声が根強くあります。

そうした憲法改正論者の代表格といえば岸信介でしょう。戦時中に商工大臣だった岸は、戦後、A級戦犯に問われて巣鴨拘置所に入ります。その入獄中に日本国憲法が制定されたこともあり、日本の憲法は日本人がつくらなくてはならないという強い信念をもつようになったと思われます。

1955（昭和30）年に保守合同により自由民主党が誕生すると、岸は幹事長に就任します。憲法改正は自民党結党時からの基本方針なのです。

その後、日本は日米安保条約に防衛をゆだねて経済大国の道を歩み、その間、改憲論は鳴りをひそめます。

それが再び息を吹き返すのは、2006（平成18）年に第一次安倍内閣が誕生してからです。岸信介を祖父にもつ安倍氏のスローガンだった**「戦後レジームからの脱却」**とは、つまるところ憲法改正が主眼だったと思われます。

加えて近年は、国際情勢の変化、とくに北朝鮮のミサイル発射や中国の海洋進出など、周辺国の穏やかならざる動きが改憲論を活発化させていることも見逃せません。

お答えしましょう!

戦後日本に根づいた「押しつけ憲法」への反発がベースにあります。自民党結党時からの悲願ともいえるでしょう。

■周辺国の動きにより活発化する改憲論

戦後は岸信介が自主憲法制定を、近年は安倍晋三が憲法改正を唱えた。

KEYWORD

戦後レジームからの脱却……「戦後レジーム」とは一般的には、第二次世界大戦後に確立された世界秩序の体制や制度のこと。安倍氏は「憲法を頂点とした、行政システム、教育、経済、雇用、国と地方の関係、外交・安全保障などの基本的枠組み」と定義した。

改憲の基礎知識

4

自民党の憲法改正案について教えてください！

お答えしましょう！

自衛隊を国防軍として明記し、集団的自衛権の行使を盛り込んでいます。

■ 自民党の改正案における自衛隊

「国防軍」として憲法に明記され、集団的自衛権を行使できる。

国民に憲法尊重を求め家族観にも踏み込む

憲法改正を基本方針とする自民党は、これまでに「日本国憲法改正草案」（2012年）を発表し、さらに2018（平成30）年には、憲法改正に向けた「条文イメージ（たたき台素案）」を発表しています。

それを見ると、第九条については現行憲法の第九条1項と2項はそのままとし、これに続けるかたちで自衛隊を明記しています。その条文はこうです。

「前条の規定は、我が国の平和

POINT

第九条はそのままに、それに続けるかたちで自衛隊を明記している。

■自民党の改正案の特徴

国民に憲法尊重を、家族には助け合いを求めている。

と独立を守り、国及び国民の安全を保つために必要な自衛の措置をとることを妨げず、そのための実力組織として、法律の定めるところにより、内閣の首長たる**内閣総理大臣を最高の指揮監督者とする自衛隊を保持する**」

ちなみに「日本国憲法改正草案」では、自衛隊ではなく「国防軍」と表記しています。その国防軍は「国際社会の平和と安全を確保するために国際的に協調して行われる活動及び公の秩序を維持し」とあり、つまり、**集団的自衛権を行使できる**ことになっています。

この草案でもうひとつ注目されるのは、第一〇二条の「全て国民は、この憲法を尊重しなければならない」という条文です。すでに述べたように、憲法を守らなければならないのは国民ではなく、権力側です。

さらに第二四条に「家族は、互いに助け合わなければならない」とありますが、家族の助け合いは道徳の領域です。そこに憲法が踏み込むのはおかしいといえ、国民に憲法尊重を求める条文とともに、そもそも**立憲主義を理解していないのではないか**という批判が寄せられています。

憲法改正の新しい論点はありますか？

POINT
第九条以外にも、論点になっているものがある。

お試し改憲に踏み切る可能性は？

　ともすれば第九条ばかりが注目されがちですが、憲法改正の論点として浮上しているのは、そればかりではありません。

　憲法に絡んで以前からたびたび問題になってきたのが、**宗教系私立学校への助成金**です。憲法第二〇条に国は宗教教育などいかなる宗教的活動もしてはならないと規定されていますが、宗教系私学への助成金はこれに違反するという指摘があります。助成金を続けるなら、それが正当である理由を憲法にきちんと書くべきだというわけです。

　また最近では、**自然災害や外国からの武力攻撃のさいに、すみやかに危機対応できるように緊急事態条項を憲法に加えるべしとする議論**があります。自民党は改憲の足掛かりとして、緊急事態条項なら国民の理解を得やすいと考えているようです。

　さらに今後、憲法改正の足掛かりとなる可能性があるのが、第五三条の臨時国会の召集についての規定です。

　臨時国会の召集は、両院のどちらかより議員の4分の1以上の要求があればすることになっていますが、いつまでにという期日の規定がありません。そのため、安倍内閣時代に国会の召集要求をずるずると引き延ばし、解散・総選挙にもちこんだことがありました。

　そこで、**憲法を改正して臨時国会召集の期日を明記**する。これなら野党も反対しにくく、自民党は改憲の先例をつくれます。いわば、「お試し改憲」としてこれに踏み切る可能性はある、と私は思っています。

＼ お答えしましょう! ／

宗教系私学への助成金問題、緊急事態条項の創設、臨時国会召集の規定などがあります。

■第九条以外の憲法改正の論点

宗教系私立学校への助成金
第二〇条から問題視されうる。
迎撃!
緊急事態条項
戦争やテロ、大規模な災害などの非常事態に対処するために、政府の権限を一時的に強化する規定を明記するか。

KEYWORD

緊急事態条項……自民党の憲法改正草案では、総理大臣が「緊急事態」を宣言すれば、内閣が法律と同じ効力をもつ政令を定め、国会の承認は事後に得ることも可能としている。

憲法を変えずに、解釈を変えるという手はありますか？

POINT

集団的自衛権は憲法解釈の変更によって認められた。

柔軟性をもつ憲法だけに解釈次第という側面も

2014（平成26）年に当時の安倍内閣が憲法解釈を変えて集団的自衛権を認める閣議決定をしたことは前述しました。

このやり方は苦肉の策でした。本来なら正攻法というべき憲法改正をするところですが、これは容易ではありません。

そこで、まず安倍首相は憲法改正の手続きを定めた第九六条の規定を変えて改正のハードルを低くしようとしました。しかし、これに対しては護憲派のみならず改憲派の憲法学者からも邪道だとする批判の声が上がりました。そのため第三の方法として選んだのが、憲法解釈の変更の閣議決定だったわけです。

ただ、この**憲法解釈の変更は危うさをともなっています。**

集団的自衛権が容認され、自衛隊が危険な海外活動をおこなうにつれて、今後、自衛隊志願者が減る可能性があります。その場合、自衛隊の人員確保のために徴兵制という選択肢が出てくるかもしれません。

これについて安倍首相は、憲法第一八条を根拠に徴兵制導入を否定しました。第一八条には、何人も「その意に反する苦役に服させられない」と明記されています。これに異を唱えたのが元防衛庁長官の石破茂《いしばしげる》氏で、国を守るという自衛隊の崇高な任務は「苦役」などではないという主張をしました。

つまり柔軟性をもった日本の憲法は、ある意味便利にできていますが、解釈次第という部分もあります。憲法の解釈変更は、よくよく慎重でなければならないのはいうまでもありません。

お答えしましょう!

日本の憲法は柔軟性があり便利にできていますが、その解釈の変更には慎重さが必要です。

■憲法改正と解釈変更

憲法改正にはいくつかのハードルが設けられている一方、解釈変更のハードルはそこまで高くない。ただし、解釈の変更は融通が利く分だけ、危うさをともなうため慎重である必要もある。

KEYWORD

徴兵制 …… 日本では1873(明治6)年から国民皆兵の方針により、満20歳以上の男性が兵役に就いていたが、1945(昭和20)年11月に廃止された。

COLUMN 4

「改憲しない憲法改革」という選択肢

国として軍隊をもつことを憲法に明記して自衛隊を違憲の存在でなくすのか。あるいは、自衛隊を軍隊ではなく、災害救助隊にして違憲状態でなくすのか。要するに憲法と自衛隊の関係をはっきりさせること。これは私たち日本人が問われている重要な課題です。

しかし、白黒をはっきりさせようとすると、ものごとは暗礁に乗り上げて進まなくなる。これも真実でしょう。

そこで、どうしたらいいか。

憲法改正か否かの二択のほかに、第三の選択肢を模索するのもひとつの方法かもしれません。たとえばジャーナリストの芹川洋一氏は、**改憲をせずに基本法などを制定して法整備を進め、現実的に対処してはどうか**と提言しています。つまり第九条の条文はそのままとし、「安全保障基本法」といった法律を設けて集団的自衛権を行使できるようにするというわけです。

改憲は容易ではありませんが、立法ならハードルが低いですから、その意味でアプローチとしていいかもしれません。憲法の条文を変える「明文改憲」にこだわるから、前に進まない。ならば、立法によって改良を加えて実質的な憲法改革をしていこうという考え方です。

ただし、これは**憲法と自衛隊の関係を曖昧にしたままであることに変わりありません。**ふだんは曖昧にしておいて、一朝有事に直面したときに、ろくに議論をすることなく、泥縄式に有事立法で対処しようとする。これはたいへん危険であり、そうならないために**平時に議論を深めておくことが大切**なのです。

第 4 章

私たちの義務と権利はどう書かれている？

「教育」「勤労」「納税」は、私たち国民に課せられた三大義務ですが、なぜこれらは義務なのでしょう？　また「基本的人権」「学問の自由」「表現の自由」などは、生まれながらにしてもっている権利ですが、その権利とはどんなものなのでしょう？　それぞれを具体的に見ていきましょう。

守るものと守られるもの
1

憲法に明記されている国民の三大義務とは？

人の一生にそっている国民の義務

憲法には国民の権利がたくさん書かれていますが、国民の義務はあまり書かれていません。

子どもに「教育」を受けさせる義務。それから、国民は勤労の権利をもつとともに義務を負うとした「勤労」の義務。これらに加えてもうひとつ「納税」の義務があり、この3つが国民の三大義務です。

教育、勤労、納税。**人は教育を受けて社会に出て働くようになり、それによって得た所得の一部を税金として納める。**その税金によって国は運営されており、この3つはどれも国を支える重要なものです。さらにいうなら、この3つがなくなると、国や社会を維持するのが困難になるでしょう。だから、これは国民の大切な義務ですよ、ちゃんと果たしてくださいね、と憲法に書かれているわけです。

そのうちの納税については、憲法第三〇条に「国民は、法律の定めるところにより、納税の義務を負ふ」と書かれています。

これはなかなかよくできた条文で、このように書いておけば、新たな税を設けるのも、消費税率を上げるのも、必要に応じて法律をつくって対処することができます。

ただ、教育と勤労については憲法で義務とともに権利も規定されているのに対し、納税は義務だけで権利の規定がありません。欧米では納税者権利憲章を制定している国もありますが、一般に税金は納めるというよりも、徴収されるという思いが強いはず。権利意識が育ちにくいのは当然かもしれません。

POINT

国民の義務は憲法にあまり書かれていないが大切なもの。

お答えしましょう！

「教育」「勤労」「納税」が、国民に課せられた三大義務。いずれも国を支える重要なものです。

■国民の三大義務

➡ 第二六条、第二七条、第三〇条

子どもに「教育」を受けさせる義務、「勤労」の義務、そして「納税」の義務を私たち国民は負っている。

KEYWORD

納税者権利憲章…… 課税や納税手続きにおける納税者の権利を制度的に保障する基本法。日本には存在しない。

「基本的人権」とは具体的にどういうことですか？

POINT
基本的人権の保障は、日本国憲法の重要な根幹。

プライバシー権や環境権も幸せを求める権利

憲法第一一条が「侵すことのできない永久の権利として、現在及び将来の国民に与へられる」と定めているのが基本的人権です。**人が人として生まれながらにしてもつ普遍的な権利である基本的人権。**その保障は日本国憲法の重要な根幹です。

そこで注目したいのは、これに続く第一二条で「この憲法が国民に保障する自由及び権利は、国民の不断の努力によつて、これを保持しなければならない」と謳っていることです。**私たちにとって大切な自由と権利を守るには、私たちがつねに努力しなければならない。**そうしなければ自由と権利は守れませんよ、と言っているわけです。

とても重い言葉です。では、どのような権利が保障されるのか。それに言及しているのが第一三条と第一四条です。

第一三条には、「生命、自由及び幸福追求に対する国民の権利」は、公共の福祉に反しない限り最大の尊重を必要とする、とあります。つまり、**生きる権利や自由である権利だけでなく、幸せを求める権利が万人にある**と定めているわけです。

この「幸福追求」は適用範囲が広く、プライバシー権や環境権なども含まれます。

さらに第一四条で謳われているのが「法の下の平等」です。法の下で平等な私たちは「人種、信条、性別、社会的身分又は門地により差別されない」としています。「門地」とは家柄のことです。こうした**属性によって差別があってはならない**と憲法は定めているのです。

お答えしましょう!

人が人として生まれながらにして普遍的にもつ、生きる権利や自由である権利、幸せを求める権利などです。

■基本的人権の自由と権利を守るために
➡第一一条、第一二条、第一三条、第一四条

生きる権利や自由である権利、幸せを求める権利や法の下の平等といった基本的人権は、国民に保障される権利であると同時に、これを守るためにつねに努力しなければならないものでもある。

KEYWORD

基本的人権 …… 人間は生まれながらにして自由・平等であるとする考えで、イギリスの権利章典、アメリカの独立宣言、フランスの人権宣言などで確立された。

3

「学問の自由」について教えてください！

POINT

子どもには教育を受ける権利があり、親には教育を受けさせる義務がある。

戦前の反省から生まれた学問の自由の保障

教育はどこの国にとっても重要な事項であり、日本もまた同様です。それゆえに憲法で教育や学問について規定されており、これには2つの条項があります。

ひとつは、第二三条の「学問の自由」で、そこには簡潔に「学問の自由は、これを保障する」とだけ記されています。

この14文字の条文は、日本国憲法全103条のなかで2番目に短いものですが、それだけに国としての確固とした意思が感じられます。

この「学問の自由」は、戦前に学問や研究、思想が統制されていたことの反省から生まれています。学びたいことを学び、探求したいことを探求する。**それは個人の幸福追求であるとともに、国にとって社会の多様性をつくりだします。**

2つめの条項は、第二六条の「教育を受ける権利」「教育を受けさせる義務」です。

ここには、すべての国民は等しく教育を受ける権利があると明記されるとともに、「その保護する子女に普通教育を受けさせる義務を負ふ」と記されています。つまり、**人はみな教育を受ける権利があり、保護者は子に教育を受けさせる義務がある**と、権利と義務が併記されているわけです。

ですから、しばしば勘違いされていますが、義務教育というのは、子どもにとっての義務ではなく、親にとっての義務だということです。子どもの学ぶ権利と親の学ばせる義務は、背中合わせになっているのです。

お答えしましょう!

学問の自由とは、個人の幸福追求であり、社会の多様性をつくりだすものです。

■教育を受ける権利と受けさせる義務

➡ 第二三条、第二六条

学問の自由が保障された環境で、子どもたちには教育を受ける権利があり、親にはその教育を受けさせる義務がある。

KEYWORD

義務教育 …… 保護者は、その保護する子どもに普通教育を受けさせる義務があり、小中学校に就学させる義務を負っている。なお、国公立の学校におけるその期間は無償とする。

勤労の権利・義務と職業選択の自由って何ですか？

お答えしましょう！

勤労は私たちが権利と義務の両方を有するもので、職業選択の自由は与えられている権利です。

■ 勤労の権利と義務

➡ 第二七条

勤労の義務
勤労の権利
勤労の義務
勤労の権利
働くことは権利であると同時に義務でもあるからこそ、働ける人は働かなくてはならないのです。

なぜハローワークがあり、失業給付金があるのか？

権利と義務が憲法に併記されているのは「勤労」もそうです。教育の場合は事実上、権利をもつ人（子ども）と義務を負う人（親）は別々でしたが、勤労はひとりの人間が権利と義務の両方を有しています。

第二七条に「すべて国民は、勤労の権利を有し、義務を負ふ」と定められており、つまり、**私たちにとって働くことは権利であると同時に義務である**、というわけです。

POINT
働くことは、権利であり義務でもある。

■職業選択の自由

➡第二二条

私たちはどんな場所に住み、どんな職業に就くことも自由である。

国民はみな等しく働く権利をもっていますから、国は仕事を失った人に対して働けるようにしないといけません。全国にハローワーク（公共職業安定所）が設けられているのはそのためです。

その一方で、勤労は私たちの義務です。だから、仕事を失った人には給付金が出ますが、もらえる期間は決まっていて、ずっともらえるわけではありません。働こうと思えば働けるのに、いつまでも国の世話になって働こうとしない。それが許されないのは、勤労が私たちの義務だからです。

仕事にまつわる権利としては、職業選択の自由もまた私たちに用意された権利です。

第二二条に、公共の福祉に反しない限りにおいて「居住、移転及び職業選択の自由を有する」と記されています。反社会的なものなどを除けば、**私たちはどんな職業でも選べる自由が与えられています。**

KEYWORD

公共の福祉……社会全体の共通の利益のことであり、他者の人権との衝突を調整するための原理でもある。

労働者を守るための権利にはどんなものがある？

雇用形態による区別はあってはならない

国民のさまざまな権利を保障する憲法は、働く者の頼もしい味方でもあります。雇われている人は、雇う側よりも立場が弱いのは当然です。しかし、一人ひとりは弱い存在でも、大勢が手を結ぶことで、まとまった力をもつことができます。

このように勤労者の団結を保障するのが憲法第二八条です。そこには「勤労者の団結する権利及び団体交渉その他の団体行動をする権利は、これを保障する」と明記されています。すなわち、**団結権・団体交渉権・団体行動権といういわゆる「労働三権」を保障している**のが、この条項です。

いまは昔に比べて組合活動が低調になっていますが、本来は近年こそ、この第二八条の重要性は増しているというべきでしょう。パートタイム、派遣社員、契約社員といった、正社員よりもずっと立場の弱い非正規雇用者が増えたからです。

経営側にとって非正規雇用者は人件費を抑えるうえでとても都合のいい労働力で、なるべく正社員を増やしたくないというのが本音でしょう。

しかし憲法が保障する**労働三権は、正規雇用者だけを対象にしたものではなく、非正規雇用者も含まれます。**第二八条が権利を定めているのは「勤労者」であり、雇用形態による区別はないのです。

なお、団体行動権にはストライキ権も含まれますが、公務員についてはストライキ権は認められていません。国民の奉仕者だからというのがその理由です。

POINT

非正規雇用者が増えているからこそ、労働三権の保障は重要。

お答えしましょう!

団結権・団体交渉権・団体行動権という「労働三権」があります。非正規雇用者も正社員同様、保障されています。

■働き方はさまざまでも「労働三権」は保障される

➡第二八条

正社員だけでなく、パートタイムや派遣社員、契約社員といった非正規雇用者にも団結し、交渉したり行動したりする権利はある。

KEYWORD

労働三権……労働組合をつくったり加入したりする権利（団結権）と、使用者と交渉する権利（団体交渉権）、ストライキをおこなう権利（団体行動権）をさす。

憲法がLGBTQの結婚の妨げになっている!?

お答えしましょう!

「婚姻は、両性の合意のみに基いて成立」とした文言から外れると考えられるためです。

■ 戦前の結婚と現代の結婚
➡ 第二四条

戦前は両家の意思が優先されることが多かったため、憲法でわざわざ規定する必要があった。

アメリカでは同性婚の権利が保障されている

教育、勤労、職業、居住と、人が生きていくうえで大切な権利を規定している憲法は、さらに私たちの人生に踏み込んで「結婚」にも言及しています。

その条項である第二四条には、こう書かれています。

「婚姻は、両性の合意のみに基いて成立し、夫婦が同等の権利を有することを基本として、相互の協力により、維持されなければならない」

結婚はふたりの意思によって

POINT
結婚は、ふたりの意思によってのみ成立するもの。

■アメリカにおける同性婚

2015年に同性婚の権利を認める連邦最高裁判所の判決が出てから、同性婚を認める州が増加した。

のみ成立すると当たり前のことがわざわざ明記されているのは、戦前はこれが当たり前ではなかったからです。つまり、かつての結婚は両人の意思よりも両家の意思などが優先されることが多かったということです。

そこで、個人の意思が大切にされなければならないと、この条項が設けられました。ところが**今日では、そのなかの「両性の合意」という文言が問題視される**ようになりました。これでは両性、すなわち男女の結婚しか認められないことになり、LGBTQ（性的少数者）が含まれないからです。

そのため、憲法解釈を変えて、「両性」を男性と女性に限定せずに、同性同士の婚姻を認めるようにしたらどうかと主張する憲法学者もいます。これなら憲法を変える必要はありません。ちなみにアメリカでは、2022年12月に同性婚の権利を保障する法律が成立しています。

KEYWORD

LGBTQ（性的少数者）……レズビアン、ゲイ、バイセクシャル、トランスジェンダー、クィア（もしくはクエスチョニング）の頭文字をつなげた略語。

守るものと守られるもの

7

なぜ靖国神社参拝が問題になるの？

POINT

思想・信教の自由を確保するために政教分離も定められている。

旧統一教会問題に潜む信教の自由と政教分離

憲法第二〇条は、**いかなる信仰をもつことも、また信仰をもたないことも自由である**とした「信教の自由」を認めています。同時に、ここでは**この自由を確保するために政教分離**（国家は宗教に干渉すべきではないとする国家の宗教的中立性の原則）**も定めています。**

戦前も信教の自由は認められていましたが、事実上、天皇を現人神とする国家神道《こっかしんとう》を公に否定することは許されませんでした。

そうした過去の戒めから政教分離が定められたのですが、これをめぐる問題の火種はいまもくすぶり続けています。歴代の首相や大臣による靖国神社参拝がそうです。公人が特定の宗教施設を参拝するのは政教分離の原則に反するという批判は絶えません。

最近では、旧統一教会（世界平和統一家庭連合）と自民党議員とのつながりが政界を大きく揺るがしました。

旧統一教会を解散させるべしという議論がおこなわれていますが、解散すれば宗教法人の認定が取り消されます。すると、それまで宗教法人ゆえに非課税だったのが、課税されるようになります。

しかし、解散命令を出したからといって、宗教活動を禁じることはできません。オウム真理教は解散させられましたが、オウムの信者たちはアレフなどの3つの分派となって、いまも活動を続けています。「信教の自由」がある以上、国が信仰を禁じることはできないのです。

お答えしましょう!

戦前の反省から政教分離が定められているためです。いまも多くの問題がくすぶり続けています。

■神社参拝は政教分離に反する?

➡第二〇条

首相や大臣による靖国神社参拝は、政教分離の原則に反するのではないかと批判されることもある。

KEYWORD

国家神道……明治以来、政府は神社に対する信仰を国家神道として特別に保護し、天皇崇拝・国家思想統一に利用した。

ヘイトスピーチも表現の自由として守られるの？

POINT

表現の自由も無制限に許されるわけではない。

最高裁が認めたヘイトスピーチ抑止条例

「表現の自由」もまた、憲法が保障する権利のひとつです。

「集会、結社及び言論、出版その他一切の表現の自由は、これを保障する」

第二一条には、こう力強く明記されています。戦前・戦中の日本には表現の自由がなく、出版物は当局によって検閲《けんえつ》され、国の方針にそぐわない考え方の持ち主は非国民として非難されました。

それだけに戦後、表現の自由は国民の強い権利になったのですが、だからといって、**無制限に表現の自由が許されるわけではありません。**

2022（令和4）年2月、最高裁判所は、ヘイトスピーチに対する規制は表現の自由を侵害するものだとする訴えを退ける判断を下しました。これは、2016（平成28）年に大阪市が全国で初めて制定したヘイトスピーチ抑止の条例に対し、市民が表現の自由を侵害する憲法違反だとして訴えていた裁判です。

裁判は1審、2審ともに市民側の敗訴となり、原告はこれを不服として上告。しかし最高裁は、大阪市の条例が表現の自由を一定範囲で制約することを認めたうえで、

「人種や民族などへの差別を誘発するような表現活動は抑止する必要性が高い。過激で差別的な言動をともなう街宣活動が頻繁におこなわれていることを考えると規制は正当である」

との判断を下しました。ヘイトスピーチは表現の自由を逸脱しているというわけです。

お答えしましょう!

いいえ。人種や民族への差別を誘発するような表現活動は、抑止されなければなりません。

■表現の自由とヘイトスピーチ

➡ 第一四条、第二一条

表現の自由は保障されなければなりませんが、すべてが許されるわけではないのです。
ヘイトスピーチは表現の自由ではない!!
ヘイトスピーチは表現の自由だ!
最高裁判所

2016(平成28)年に大阪市が全国で初めて制定したヘイトスピーチ抑止の条例は、最高裁によって正当であると判断された。

KEYWORD

ヘイトスピーチ……人種や出身国、民族、宗教、性的指向、性別、容姿などに基づいて、個人や集団を侮辱し攻撃する言動。

守るものと守られるもの

9 健康で文化的な最低限度の生活ってよく聞くけど何ですか？

生活困窮者を支援するのは行政の務め

「すべて国民は、健康で文化的な最低限度の生活を営む権利を有する」

この憲法第二五条の条文には、ちょっと注意が必要かもしれません。

最低限度の生活というと、生きていけるぎりぎりの生活といった印象をもちますが、ここに定められているのは「健康で文化的な」最低限度の生活です。生きていけさえすればよいという生活ではなく、常識の範囲で「せめてこのくらいの暮らしは」という生活です。

60代になってリタイアしてから生活に困らないように年金制度があるのも、**生活困窮者《こんきゅうしゃ》に生活保護が設けられている**のも、第二五条があるからです。

生活保護を担当する東京都福祉保健局のホームページには、「生活保護の申請は国民の権利です。生活保護を必要とする可能性はどなたにもあるものですので、ためらわずにご相談ください」と書かれています。生活困窮者にちゃんとした暮らしができるように支援することは行政の務めなのです。

ただ、「健康で文化的な最低限度の生活」のレベルは、時代とともに変わります。かつてはエアコンがあると生活保護を受けられないといわれました。しかし、いまやエアコンは生活必需品となり、猛暑の夏にエアコンなしでは命が脅かされます。

そのため、２０１８（平成30）年に厚生労働省は熱中症予防として、生活保護世帯に上限５万円のエアコン購入費の支給を認めています。

POINT
時代とともに、健康で文化的な最低限度の生活水準も変わる。

お答えしましょう!

年金制度も生活保護制度も、「健康で文化的な最低限度の生活を営む」ための権利です。

■年金制度と生活保護制度

➡第二五条

年金制度も生活保護制度も、健康で文化的な最低限度の生活を支えるためのセーフティネットのひとつとして憲法で保障されている。

KEYWORD

生活保護……生活困窮者に対し、その困窮の程度に応じて必要な保護をおこない、自立をサポートする公的扶助制度。

守るものと守られるもの

10

犯罪被疑者も権利をもっているって本当？

犯罪被疑者も例外ではなく権利が保障されている

ここまで述べてきたように国民にはさまざまな権利が保障されていますが、それは犯罪被疑者も例外ではありません。

警察官は逮捕権をもっていますが、その場でそれを行使できるのは現行犯の場合だけです。それ以外は、逮捕する証拠をもとに裁判所が適切と判断し、逮捕令状を出さなければ被疑者を逮捕することはできません。

しかも逮捕後、被疑者の権利について告げなければなりません。憲法第三四条にこう定められています。

「何人も、理由を直ちに告げられ、且つ、直ちに弁護人に依頼する権利を与へられなければ、抑留又は拘禁されない」

つまり、**逮捕理由とともに弁護士に依頼する権利があることを告げないと、被疑者を留め置くことができない**わけです。

また**取り調べにおいても、警察に対する厳格な禁止事項が憲法に明記**されています。第三六条の「公務員による拷問及び残虐な刑罰は、絶対にこれを禁ずる」というものです。

「絶対に」という厳しい言葉を使っているのは、戦前に特別高等警察（特高）が反体制の人たちに非常に苛酷な取り調べをした過去を踏まえてのことです。

なお、死刑は「残虐な刑罰」に当たるとして訴訟が起きていますが、最高裁は「残虐な刑罰には該当しない」としています。長時間の苦しみをともなうような処刑法は憲法違反に該当しますが、日本でおこなわれている絞首刑はそうではないと考えられています。

POINT
取り調べにおいても警察に対する禁止事項がある。

お答えしましょう!

弁護士に依頼する権利や自己に不利益な供述を強要されない権利、そして裁判を受ける権利が与えられています。

■犯罪被疑者の権利

➡第三四条

逮捕理由は
○○○です
弁護士に依頼する
権利があります

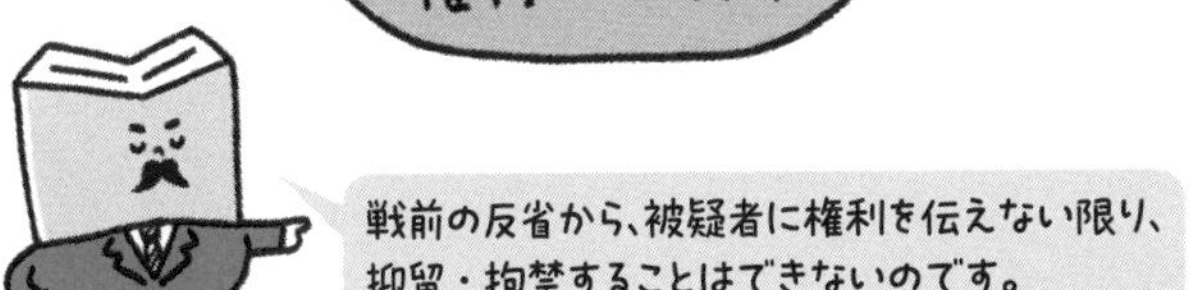

戦前の反省から、被疑者に権利を伝えない限り、
抑留・拘禁することはできないのです。

KEYWORD

特別高等警察(特高)……1911(明治44)年に警視庁に、1928(昭和3)年に全国各府県に設置された、思想犯・政治犯を取り締まるための組織。戦後、GHQにより廃止。

COLUMN 5

フェイクニュースと表現の自由

憲法で保障された「表現の自由」と「知る権利」は、表裏一体の関係にあります。さまざまな情報が自由に表現され、それによって人々は多くの情報を得て、ものごとを判断する――。しかし、もし公権力によって表現の自由が規制されたら、私たちの知る権利は損なわれてしまいます。つまり**知る権利は、表現の自由を前提として成り立っている**わけです。

ただ問題は、発信されるさまざまな情報が玉石混交《ぎょくせきこんこう》だということです。

とくに最近は真実に見せかけた虚偽情報、いわゆるフェイクニュースが数多く出回る時代になりました。フェイクニュースには意図的に捏造《ねつぞう》された情報だけでなく、たんなるデマや誤情報もあります。そうした虚偽情報がSNSに乗って世界中を駆けめぐっています。

このようななかにあって、私たちはフェイクニュースとどう向き合えばよいのか。大切なのは、**それでも表現の自由はできるだけ制限してはならない**ということです。表現の自由が奪われたら言いたいことも言えず、社会が萎縮《いしゅく》してしまいます。表現の自由は、民主主義を支える大切なものです。

誤った情報や虚偽の言論は、それを正す言論によって淘汰《とうた》されるべきで、つまり、表現の自由には表現の自由をもって向き合うべきなのです。さまざまな言論が発信されることによって、何が正しくて何がそうでないかがおのずと明らかにされていきます。それが**表現の自由の力であり、ひいては民主主義の力**なのです。

第 5 章

国の機関はどのように規定されている？

憲法には、三権である「国会（立法）」「内閣（行政）」「裁判所（司法）」についての記述があります。たとえば国会の役割や仕組みから国会議員の規定、内閣の仕事や総理大臣の権限、裁判所の構成や裁判官の待遇などです。政治と国の仕組みを理解するためにも、憲法を知りましょう。

国会が三権の最高機関とされるのはなぜ？

お答えしましょう！

国会を構成する議員が国民の選挙によって選ばれた代表だからです。

■ 三権分立でもパワーバランスは異なる

➡ 第四一条

三権である立法（国会）、行政（内閣）、司法（裁判所）のうちもっとも力をもつのは立法である。

じつは戦前から日本は二院制

周知のように三権分立とは、立法（国会）、行政（内閣）、司法（裁判所）がそれぞれ独立して相互にチェックし合う仕組みです。国の権力が一カ所だけに集中すると、権力の乱用になりかねません。

だから、この三権の力はどれも同じだと思われがちですが、それは違います。**三権のなかでもっとも力をもっているのは立法、すなわち国会**だからです。

憲法第四一条には、「国会は、

POINT

国会は国の唯一の立法機関であるため、もっとも力をもっている。

■戦前の二院制と戦後の二院制の違い

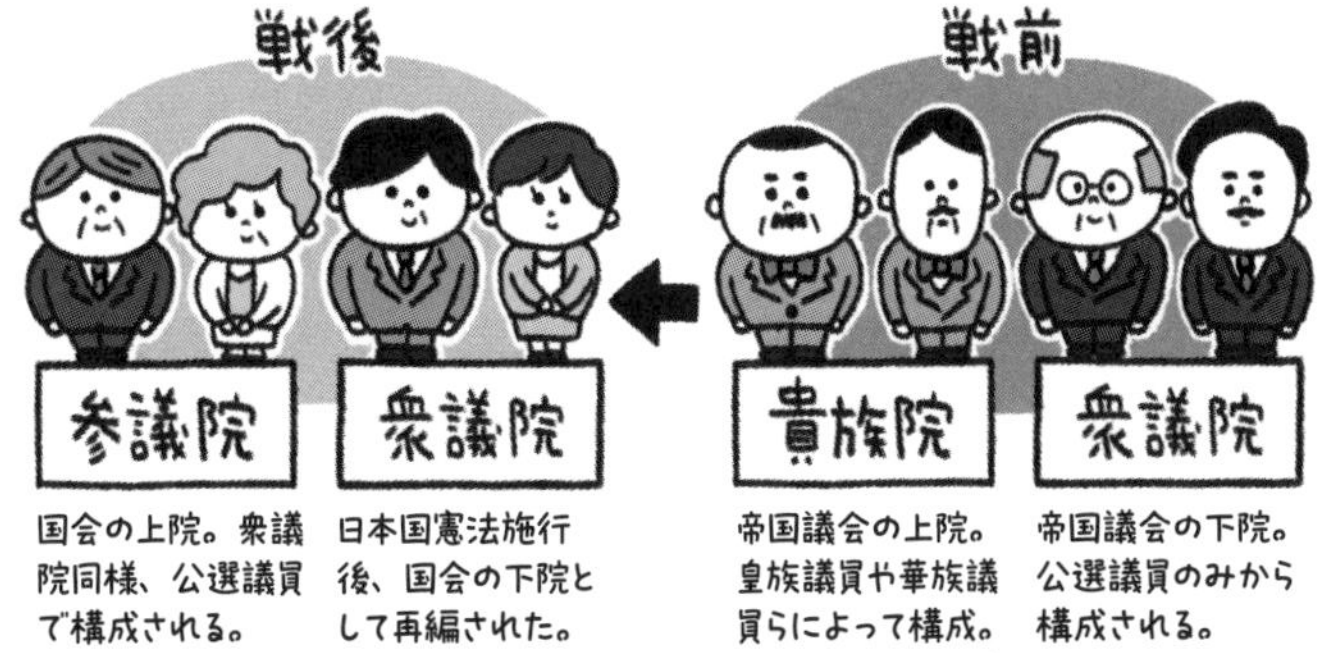
戦後
戦前
参議院
衆議院
貴族院
衆議院
国会の上院。衆議院同様、公選議員で構成される。
日本国憲法施行後、国会の下院として再編された。
帝国議会の上院。皇族議員や華族議員らによって構成。
帝国議会の下院。公選議員のみから構成される。

国権の最高機関であつて、国の唯一の立法機関である」と定められています。

国会が国権の最高機関だとされる理由は、国会を構成する議員が国民の選挙によって選ばれた代表だからです。その仕事は法律をつくることですが、実際には各省庁で法案がつくられる場合が多く、内閣がそれを国会に提案して立法の運びとなります。

その**国会は、衆議院と参議院によって構成**されています。衆参両院ともに本会議と委員会があり、そのほかに憲法審査会、政治倫理審査会、情報監視審査会などの審査会が設けられています。

この両院制も憲法に定められた事項ですが、日本は戦前から衆議院と貴族院の二院制でした。ただ、貴族院議員は選挙で選ばれたわけではありません。国民の代表として選ばれたのは衆議院議員ですから、「代議士」という呼称は本来、衆議院議員をさしています。

KEYWORD

三権分立……18世紀の思想家モンテスキューによって提唱され、今日では多くの国で採用されている。

国会議員に関する規定にはどんなものがある？

POINT
議員定数や任期、給料なども規定されている。

衆参両院で議員の規定は異なる

憲法には国会議員の定数や任期、議員の給料にあたる歳費、議員の特権などについても、こまかく規定されています。

まず議員の定数は第四三条に「法律でこれを定める」と書かれており、公職選挙法第四条により、**2023年現在、衆議院465人、参議院248人。任期は衆議院が4年、参議院が6年。**ただし、衆議院は任期中に解散することがあるので、全員が議員の身分を失うこともあります。一方、参議院は3年ごとに半数が改選されます。これは衆参同時選挙になったとき、両議院とも一度に全員改選する制度にしていたら、一時的に国会議員がゼロになってしまうことを避けるためです。

また、選挙に立候補できる年齢も衆参で異なっており、衆議院は25歳以上で、参議院は30歳以上です。

憲法は議員の給料についても言及しており、「法律の定めるところにより、国庫から相当額の歳費を受ける」とあります。

現在、その**「相当額」とは月額129万4000円。**これに期末賞与として635万円が加わるので、しめて年額2187万8000円。これは、国会法第三五条の「一般職の国家公務員の最高の給与額より少なくない歳費を受ける」という規定に基づく額です。

また、国会議員の特権として、院外における現行犯逮捕などの例外を除いて、**国会の会期中は逮捕されない「不逮捕特権」**が憲法第五〇条で認められています。

お答えしましょう！

衆参両院で異なる定数や任期、月額約130万円とされる給料などの規定があります。

■衆議院と参議院の規定

➡ 第四三条、第四四条、第四五条、第四六条、第四七条

衆議院		参議院
465人	議員定数	248人
4年	任期	6年（3年ごとに半数改選）
あり	解散	なし
25歳以上	被選挙権	30歳以上
小選挙区選挙・比例代表選挙	選挙方法	選挙区選挙・比例代表選挙
あり	内閣不信任	なし

不逮捕特権があるのは、政府に反対する議員を不当に逮捕できないようにするためなんだ
参議院が半数ずつ改選されるのは、国会の機能の空白化を防ぐためなのね

KEYWORD

不逮捕特権……三権分立の観点から、立法活動（立法権）が政府（行政権）や捜査機関（司法権）から不当に制限されないようにするために与えられた特権。

国会の仕組みはどうなっている？

POINT

予算案や補正予算、総理大臣指名などが国会で審議される。

議員除名の議決方法も憲法で規定されている

国会には常会（通常国会）**、臨時会**（臨時国会）**、特別会**（特別国会）**の3つがあります。**常会は毎年1回召集され、翌年度の予算案が審議されます。憲法第五二条に「国会の常会は、毎年一回これを召集する」とだけ書かれています。

臨時会は秋ごろに補正予算を組むときなどによく開かれ、どちらかの議院の総議員の4分の1以上の要求によって召集されることになっています。

特別会についても第五四条に定められており、衆議院解散後40日以内に総選挙をおこない、さらに選挙日から30日以内に国会を召集するのが決まりです。この特別会で内閣総理大臣が指名されます。

法案の議決については、両院で可決すればすんなり成立しますが、たとえば衆議院で可決され、参議院で否決されるといったこともあります。この場合、衆議院で出席議員の3分の2以上で再び可決したときは法案成立となります。ただし、その前に両院で協議会を開いて法案を調整することも憲法で認められています。

ちなみに、3分の2以上の賛成を要するのは、議員除名を決めるときも同じです。第五八条には「院内の秩序をみだした議員を懲罰することができる」としたうえで、「但し、議員を除名するには、出席議員の三分の二以上の多数による議決を必要とする」と記されています。

そう簡単に除名できないようになっているのは、議員が国民の選挙で選ばれているからです。

お答えしましょう!

国会には常会のほかに、臨時会や特別会があり、召集の規定や法案の議決方法などが定められています。

■国会には3つの種類がある

➡第五二条、第五三条、第五四条

種類	常会 (通常国会)	臨時会 (臨時国会)	特別会 (特別国会)
召集	毎年1回、1月中	必要に応じて、衆参どちらかで総議員の1/4以上の要求によって召集	衆議院解散後の総選挙から30日以内
おもな議題	次年度の予算審議	補正予算審議、国内外の緊急議事	内閣総理大臣の指名
会期	150日	定めなし	定めなし

常会は会期が150日間と定められているが、会期延長が1回は認められているんだ
緊急を要する災害対策のための補正予算を審議するときなどに臨時会が開かれるのね

なぜ衆議院のほうが強い権限をもっている？

予算議決、条約承認などで衆議院の優越あり

衆議院と参議院、どちらが強い権限をもっているかというと衆議院です。

憲法第六〇条には、予算案は衆議院に先に提出することが明記され、さらに衆参両院で異なる議決となったときの取り決めも記されています。それは、両院で協議しても意見が一致しない場合、衆議院の可決した予算案を受け取ってから30日以内に参議院が議決しないときは「衆議院の議決を国会の議決とする」というものです。これは外国と交わす条約の承認についても同様です。

さらに内閣総理大臣の指名についても、両院で指名が異なり、協議しても一致しないときは、衆議院で指名された人が内閣総理大臣になります。

このように**衆議院により強い権限があることを「衆議院の優越」**といいます。なぜこのような仕組みになっているのでしょうか。

ひとつには、衆議院は解散があるため参議院よりも任期が短く、その分、選挙を通じて国民の意見や世論を反映しやすいと考えられるからです。それに予算案にしても、両院があまり対立してばかりいると国の機能がマヒしかねません。そうならないために、このような仕組みになっているわけです。

付け加えると、そもそも衆議院とは「大衆の代表が議論をする場」という意味です。一方、参議院は「その議論に参画する場」という意味であり、名前の由来からも国会において衆議院に分があることがわかります。

POINT

衆議院とはそもそも「大衆の代表が議論する場」という意味。

お答えしましょう!

解散がある衆議院は、選挙を通じて世論を反映しやすいと考えられているからです。

■衆議院の優越が存在する理由

➡ 第五九条、第六〇条

大衆の代表が議論する場
衆議院
議論に参画する場
参議院
予算も総理大臣も、衆議院の議決が優先されるのには理由があるんだ

解散があり、任期も参議院より短いからこそ、衆議院は選挙を通じて国民の意見を反映しやすい。

KEYWORD

参議院……二院制の上院にあたる。衆議院の過誤を是正するといった機能を期待されることから「良識《りょうしき》の府《ふ》」とも呼ばれる。

国会が裁判官をやめさせることができるのはなぜ？

POINT
国会は裁判官を罷免する権限をもっている。

これまでに罷免された裁判官は7人

人はだれでも過ちを犯す可能性があり、それは裁判官も例外ではありません。その職務にふさわしくない行為をするなどした裁判官をやめさせるかどうかを判断するのが、国会の裁判官弾劾《だんがい》裁判所です。第六四条に、「国会は、罷免《ひめん》の訴追を受けた裁判官を裁判するため、両議院の議員で組織する弾劾裁判所を設ける」と定められており、つまり、**国会は裁判官を裁くことができる**わけです。

では、なぜ国会にそのような権限があるのでしょうか。これは、国民には公務員を罷免する権利がある（憲法第一五条）ため、**国民によって選ばれた議員からなる国会が裁判官を裁くのは正当だと考えられる**からです。

また、日本は三権分立であり、裁判所は国会が成立させる法律が憲法に違反していないかどうかをチェックする違憲立法審査権をもっています。これに対して、国会は裁判所の裁判官を罷免する権限をもっているわけです。

ちなみに、これまで弾劾裁判の対象になった裁判官は9人。このうち実際に罷免されたのは7人です。

その罷免事由は、事件記録を放置し395件の略式命令請求事件を失効させるなどの著しい職務怠慢（1955年）。検事総長の名を騙《かた》って現職総理大臣に電話をかけ、前総理大臣の関係する汚職事件について虚偽の捜査状況を報告した（1977年）。電車内にて携帯電話で女性のスカート内を盗撮した（2012年）などとなっています。

お答えしましょう!

国民には公務員を罷免する権利があることから、国民に選ばれた議員からなる国会が裁判官を裁くことができるのです。

■裁判官を裁くのは国会

➡第六四条

三権分立の観点から、国会と裁判所が互いにチェックし合う関係にある。

KEYWORD

違憲立法審査権……法律・政令・条例などが憲法に適合しているか否かを審査する権利で、すべての裁判所がもつ。

内閣に入るための決まりとは？

POINT
行政とは、立法と司法を除いた国家の機能をさす。

内閣という言葉の由来は明や清の職名

日本の憲法の条文は短いものが多いのですが、それにしても第六五条はコンパクトです。

「行政権は、内閣に属する」、これだけです。しかし、この短い条文とは裏腹に、行政は立法や司法に比べて、そのカバー領域はじつに広く多岐にわたっています。

行政とはすなわち、「国家の機能から立法と司法の機能を除いたもの」とされます。

内閣という言葉は、中国の明《みん》や清《しん》の時代の職名「内閣大学士」に由来します。内閣大学士はもともと皇帝の相談役でしたが、やがて皇帝に代わって多くの政務をするようになっています。日本では明治時代に天皇補佐機関として、内閣の名称が用いられるようになりました。

現在、**内閣はその長である内閣総理大臣とその他の国務大臣によって組織される、**と憲法第六六条に書かれていますが、そこには併せてこんな条文も定められています。

「内閣総理大臣その他の国務大臣は、文民でなければならない」

これについては前にも触れましたが、文民とは、軍人ではない人物のことです。日本は軍隊をもたないことになっているのに、わざわざ軍人は総理や大臣になれないとクギを刺すのもおかしな話です。

ただ、今日では奇異な条文ですが、日本国憲法が制定されたのは終戦まもない１９４６（昭和21）年です。よって、この条文は戦前・戦中に職業軍人だった人はだめですよ、という意味と理解するのが妥当でしょう。

お答えしましょう!

内閣は総理大臣と国務大臣で構成され、いずれも文民でなければなりません。

■軍人は大臣になれない

➡ 第六六条

日本は軍隊をも
たないので、い
まは軍人はいな
いけど……

戦前・戦中は軍人が総理大臣や国務大臣になることもあったが、
日本国憲法では認められていない。

KEYWORD

文民…… 軍人ではない人物。日本国憲法制定の際に、シビリアン（civilian）の訳語として造語された。

内閣総理大臣はどのように決まり、どんな権限をもつ？

POINT
国務大臣の罷免権は、戦後、総理大臣に与えられたもの。

参議院議員が総理になった例はなし

アメリカの大統領は実質的には国民の直接投票によって選ばれますが、日本の内閣総理大臣は違います。憲法第六七条が定めるように、**総理大臣は国会議員のなかから国会の議決により指名されます。**

衆議院と参議院で指名が異なる場合、両院協議会でも調整がつかなければ、衆議院の指名が国会議決となることは前にも述べました。参議院議員も国会で指名されれば総理大臣になれますが、過去に例はありません。

これは、国会議員が総理大臣を選ぶとき、通常は自分が属している政党の党首を選びますが、ほとんどの党首が衆議院議員だからです。そのため、参議院議員が総理大臣になる可能性は低くなってしまうわけです。

こうして選ばれた総理大臣が最初にしなければならない重要な仕事は、国務大臣の任命です。第六八条は、国務大臣について「その過半数は、国会議員の中から選ばれなければならない」と定めています。ですから、民間人が大臣に起用されることもありますが、実際には多くありません。

この**任命とともに、総理大臣は国務大臣を罷免する権限ももっています。**

じつはこの罷免権は、戦後、総理大臣に与えられたものです。戦前は閣内不一致が原因でしばしば内閣が崩壊しており、そうした政治の弱体化が軍部の台頭を招きました。この反省から、閣内不一致を防ぐために総理大臣に国務大臣の罷免権が与えられたと考えられます。

お答えしましょう!

国会議員のなかから指名され、国務大臣を任命・罷免する権限をもっています。

■総理大臣と大統領は選ばれ方が違う

日本の総理大臣は国会の議決によって指名される一方、アメリカの大統領は実質的に国民の投票によって選ばれるという違いがある。

KEYWORD

閣内不一致……ある議題や事案に関して閣内で意見が一致しないこと。戦前は総理大臣の権限が強くなく、これを原因に内閣の交代が頻繁に起こった。

解散権が総理大臣の「伝家の宝刀」といわれる理由は？

POINT

衆議院の解散権は「民意を問う」ために使用されるケースが多い。

内閣不信任案可決から衆議院解散になることも

衆議院が内閣不信任決議案を可決した場合、内閣は衆議院を解散するか、総辞職しなければなりません。これは憲法第六九条に定められており、つまり**衆議院は総理大臣に退陣を迫ることができる**わけです。

もっとも、現行憲法が施行されてから衆議院解散は25回ありますが、このうち、第六九条に基づく解散は4回だけです。残りの21回は第七条に基づく解散です。

第七条は天皇の国事行為のひとつとして衆議院の解散を定めています。天皇の国事行為は40ページで前述したように内閣の助言と承認によってなされるため、事実上、**総理大臣の裁量で衆議院を解散することができます。**

そこで、重要な政治問題に直面したとき「民意を問う」として解散・総選挙に踏み切るケースが多いわけです。解散権が、総理大臣の「伝家の宝刀」といわれるのはそのためです。

この第七条による解散の流れは、まず総理大臣が閣議で解散を表明し、全員の賛同を得たのち、天皇の御名御璽《ぎょめいぎょじ》をいただいた詔書《しょうしょ》に総理大臣が署名します。この詔書を衆議院本会議で議長が「日本国憲法第七条により、衆議院を解散する」と読み上げたのちに解散となります。

このとき、多くの議員が立ち上がり、「バンザイ」を唱えるのが衆議院の慣例になっています。この慣例の起源は不明ですが、１８９７（明治30）年の解散の際にバンザイの声が上がったという記録があるそうです。

お答えしましょう!

憲法第七条に基づく衆議院解散は、「民意を問う」行為として総理大臣の裁量でできるためです。

■「伝家の宝刀」を抜く総理大臣

➡ 第七条

バンザーーイ
現行憲法施行後、これまでの衆議院解散のうち約8割は、総理大臣の「伝家の宝刀」によるよ
民意を問う!!
衆
議
院

2005年には当時の総理大臣だった小泉純一郎氏が「郵政民営化の是非を問う」として衆議院を解散、総選挙を実施した。

KEYWORD

御名御璽……天皇の名前と印のこと。詔勅や法令の公布文書の原本に署名と押印がなされていることを表す場合に用いる用語。

実際に内閣ってどんな仕事をしているの？

POINT
国務は、国務大臣の定員数以上あるため、近年は兼任大臣が増えている。

すべてをとりまとめて管理するから「総理」

国務大臣に対する罷免権や解散権は、内閣総理大臣がもつ権限のごく一部にすぎません。第七二条に定められている「行政各部の指揮監督」は総理大臣の大きな権限を示すものです。

その力は広範囲にわたります。行政の中枢を担う内閣の長であれば当然でしょう。行政が担うことはじつに多種多様です。それは第七三条の「内閣の職務」を見てもうかがえます。

そこには、一般行政事務のほかに次の事務をおこなうと記されています。

1、**国務**を総理すること
2、**外交**関係を処理すること
3、**条約**を締結すること
4、**官吏**に関する事務を掌理すること
5、**予算**を作成して国会に提出すること
6、**政令**を制定すること
7、**大赦、特赦、減刑、刑の執行の免除や復権**を決めること

内閣の仕事は、冒頭の「国務を総理する」に象徴されています。国務大臣の定員は内閣法で決まっていますが、実際に内閣が担当する仕事は増える一方です。そのため「内閣官房長官兼拉致問題担当」というように、ひとりの大臣がほかの職務を兼任するのは近年当たり前になっています。

このように増え続ける国務を総理するのが内閣の役割です。「総理」というのは、すべてをとりまとめて管理するという意味ですから、そうした内閣のトップを「総理大臣」と呼ぶのもうなずけます。

お答えしましょう!

国務の管理から外交関係の処理、条約の締結、予算作成、政令の制定、大赦・特赦など多岐にわたります。

■内閣のおもな仕事

➡第七三条

予算案や法律案の作成と国会への提出
外国と交渉し、条約を締結する
政令を定める
閣議を開く
天皇の国事行為に助言と承認をおこなう
最高裁判所長官を指名し、その他の裁判官を任命する
衆議院の解散を決定する
国家公務員の任命と監督をおこなう

行政とは「国家の機能から立法と司法の機能を除いたもの」といわれるだけあって、行政権をもつ内閣の仕事はまさに多種多様
¥
¥
¥

KEYWORD

大赦・特赦 …… 大赦は政令で対象とする犯罪を定めてその刑罰の赦免をおこなうこと。特赦は有罪判決を受けた特定の者に対してその判決の効力を失わせること。

裁判所と裁判はどのように規定されている？

POINT
公平と慎重を期すため、三審制が採用されている。

特別裁判所は設置できない

憲法は司法について7つの条項を設けています。その最初の第七六条は、司法権についてこう規定しています。

「すべて司法権は、最高裁判所及び法律の定めるところにより設置する下級裁判所に属する」

司法権、すなわち**裁判ができるのは最高裁判所と下級裁判所である**と定めています。下級裁判所とは、高等裁判所、地方裁判所、家庭裁判所、簡易裁判所の4つのことです。

司法権はすべて裁判所にあると当たり前のことが明記されているのは、戦前は通常の裁判所のほかに、軍人を裁く軍法会議や行政訴訟のための行政裁判所などの特別裁判所があったからです。こうした裁判所は公平性を欠くとして戦後なくなりました。第七六条は「特別裁判所は、これを設置することができない」と定めています。

日本の裁判制度は「三審制」で、地方裁判所の判決が不服なら高等裁判所に控訴でき、それでも不服なら最高裁判所に上告できます。つまり、計3回の裁判を受けられますが、これは公平と慎重を期すためです。

通常、一審は地方裁判所ですが、軽い刑事事件や請求金額の少ない民事事件では簡易裁判所が一審になります。また家庭内の事件や問題、少年事件などは家庭裁判所の担当です。

なお、最高裁判所の上告審は通常、法令違反の有無を調べる書類審理のみで事実認定はおこなわれません。結果的に高等裁判所の判決が最高裁で覆されるケースはごく限られています。

お答えしましょう!

最高裁判所と下級裁判所があり、計3回の裁判を受けられる三審制になっています。

■三審制の仕組み

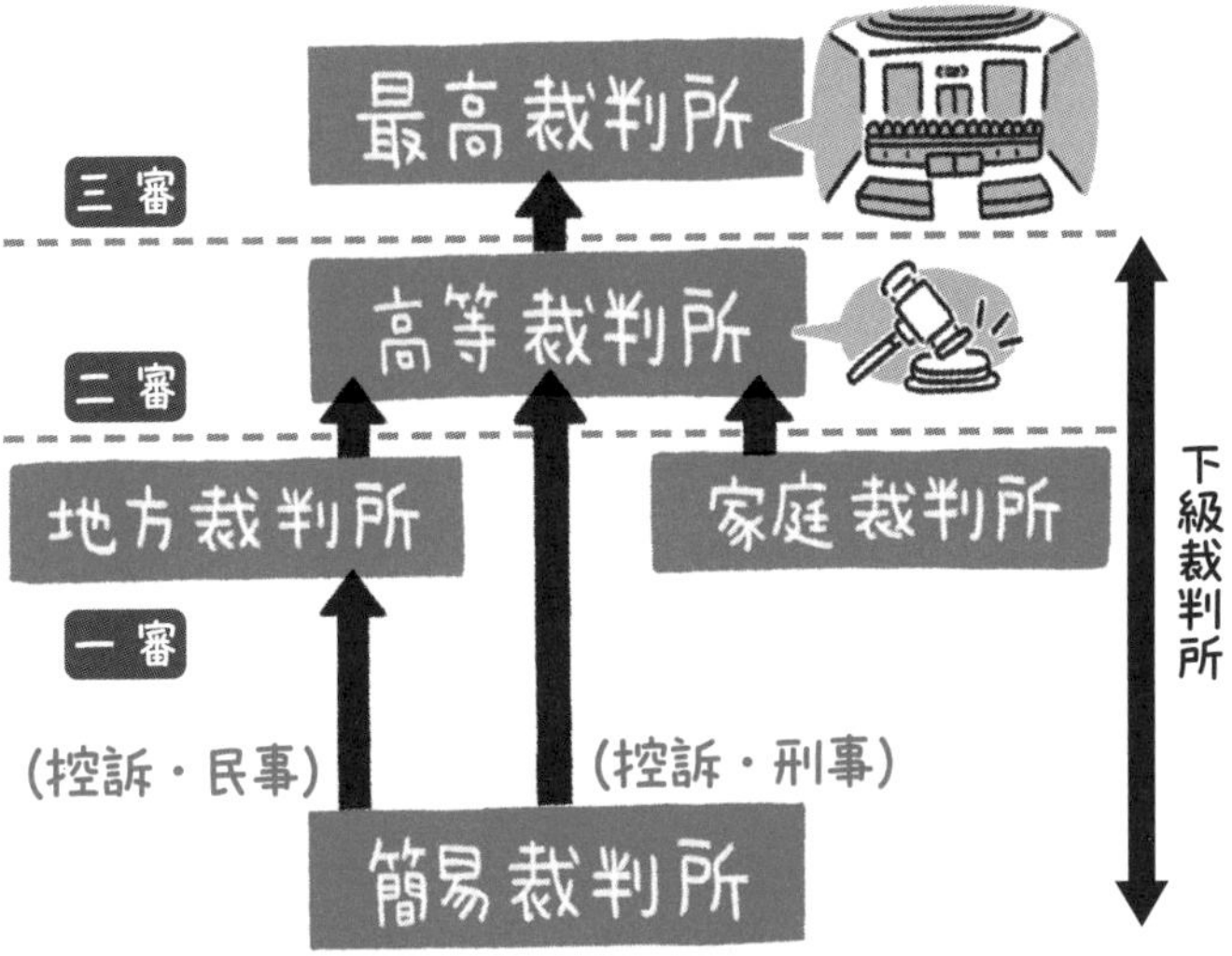

最高裁判所はどれほどの権限をもっている？

POINT
三審を担当する最高裁判所は、最終的な判断を下す機関である。

裁判の手続きから弁護士や検察官にも影響

最高裁判所とは要するにどのような機関なのか。憲法第八一条には、それが端的に明記されています。

「最高裁判所は、一切の法律、命令、規則又は処分が憲法に適合するかしないかを決定する権限を有する終審裁判所である」

この「終審」とは、もうこれでおしまい、という意味です。ですから、**もうこの先はない最終的な判断を下すところが最高裁判所です。**

ただ、刑事事件については、最高裁の下した判断に対して不服申し立てをすることができます。

この場合、正確には最高裁の判決（法廷を開いて言い渡す）に対しては「訂正申立て」、最高裁の決定（法廷は開かれず文書で通達する）に対しては「異議申立て」ですが、どちらも認められることは、ほぼありません。

これらのことからも、最高裁は終審裁判所と呼ぶにふさわしい機関です。

こうした最高裁は、非常に大きな権限をもった機関でもあります。

第七七条には、裁判についての手続きや弁護士に関する決まりごと、裁判所の内部規律や司法事務処理についての規則などを定める権限をもつほか、下級裁判所に関する規則を定める権限もあると記されています。

さらに「検察官は、最高裁判所の定める規則に従はなければならない」と付記されており、司法界の揺るぎなき存在として絶大な権限をもつことをうかがわせます。

お答えしましょう！

最高裁判所とは、司法界に絶大な権限をもつ、最終的な判断を下す「終審裁判所」です。

■最高裁判所の権限

➡ 第七七条

裁判についての手続き、裁判所の内部規律、弁護士や検察官に関する決まりごとなどをもつ最高裁判所の権限は、絶大なものである。

KEYWORD

最高裁判所規則 …… 最高裁判所が制定する規則。訴訟に関する手続きには、たとえば民事訴訟規則や刑事訴訟規則、家事事件手続規則、少年審判規則などがあり、検察官も弁護士もこれに従わなければならない。

最高裁判所は何人で構成され、その待遇はどうなっている？

POINT
最高裁判所の裁判官は、識見の高い、法律の素養がある40歳以上の者から任命される。

大法廷と3つの小法廷がある

最高裁判所の裁判官は、憲法第七九条が定めるように、**トップである長官とその他の裁判官によって構成**されています。その人数は、**長官以下15人**です。

判決を出すにあたり多数決で決めることもあるため、裁判官の数は奇数のほうが望ましいのです。

最高裁には大法廷と3つの小法廷があり、15人の裁判官は5人ずつ小法廷のいずれかに所属し、全員で判断する場合は大法廷が使われます。

15人の裁判官は「識見の高い、法律の素養のある年齢40年以上の者」（裁判所法）のなかから任命されることになっています。その顔ぶれは、地裁や高裁の裁判官を務めた人ばかりではありません。

最高裁のホームページにある15人の裁判官の経歴を見ると、裁判官出身6人、検察官出身3人、弁護士出身3人、法学者出身2人、官僚出身1人（2022年11月現在）で、このうち女性が2人。もろもろのバランスを考えて選ばれているようです。

なお、長官は天皇によって任命され、ほかの裁判官は内閣が任命することになっています。

少々下世話ながら、最高裁長官の報酬は、内閣総理大臣と同じ月額201万円。ほかの裁判官は月額146万6000円で、これは国務大臣や検事総長と同額です。

第七九条は最高裁の裁判官の報酬について、定期に相当額の報酬を受けるとしたうえで、「在任中、これを減額することができない」と定めています。

お答えしましょう!

長官以下15人の裁判官によって構成され、長官の報酬は総理大臣と同額です。

■最高裁判所の裁判官

➡第七九条

長官のほかに14人の裁判官がおり、その経歴は裁判官出身ばかりではなく、検察官、弁護士、法学者、官僚などさまざまである。

KEYWORD

大法廷……憲法問題について新しく判断する事件、最高裁が以前出した判例を変更する必要がある事件、違憲判決をする必要がある事件は大法廷で審理される。

最高裁裁判官に対する国民審査について教えてください！

POINT
最高裁裁判官は国民から直接審査される。

国民が審査できる制度だがその方法には批判も

憲法第七八条は、行政機関が裁判官を懲戒処分することを禁じています。さらに、ここまで述べてきたように裁判官はそれ相応の高給が保障されています。このような手厚い身分保障は、政治権力などからの干渉を防ぎ、つねに自律した立場で公正な判断ができるようにするための措置とされています。

とはいえ、裁判官も人の子ですから、国民の信頼を裏切るような行為におよぶこともありえます。そうした場合、弾劾裁判によって罷免されることがあるとともに、**最高裁の裁判官については、国民が直接その適格性を判断して罷免できる制度が用意されています。**

衆議院議員総選挙の投票のおりに実施される「最高裁判所裁判官国民審査」がそうです。これも第七九条に定められており、最高裁の裁判官は、任命されて初めての総選挙のさいに国民の審査を受け、それから10年経過後の最初の総選挙でも審査を受けるというものです。この審査で投票者の過半数が罷免を可とする裁判官がいたら、その裁判官は罷免されます。

もっとも、これまでに国民審査で罷免された最高裁裁判官はいません。

この審査では、裁判官の名前が書かれた用紙の空欄に、辞めさせたいと思う人だけにバツをつけることになっています。このやり方では、よくわからないと判断を棄権して何も書かないと信任したことになってしまいます。審査方法として公正さを欠くのは否めません。

お答えしましょう!

衆議院選挙のさいに国民審査が実施されますが、罷免された前例はいまのところ、ありません。

■最高裁裁判官の国民審査とは?

➡ 第七九条

最高裁裁判官は憲法によって身分が保障されているからこそ、直接審査されるんだ

衆議院選挙にあわせて18歳以上の選挙権をもつ人が審査。辞めさせたい人にバツを書く方式だが、制度の意義の周知や判断材料になる情報が少なく、形骸化しているという批判もある。

KEYWORD

国民審査 ····· 憲法制定時、アメリカのミズーリ州などで導入されていた制度を参考に考案された。2021年の日本の国民審査では、その投票行動から夫婦別姓問題が争点になったことがわかっている。

下級裁判所裁判官の任命と人事はどうなっている？

POINT
高裁や地裁などの裁判官も、憲法によって身分が保障されている。

裁判官の任期は10年 定年は65歳

罷免されにくいのは最高裁の裁判官だけではなく、高裁や地裁など下級裁判所の裁判官も同じです。第七八条は、裁判官の身分保障として、こう定めています。

「裁判官は、裁判により、心身の故障のために職務を執ることができないと決定された場合を除いては、公の弾劾によらなければ罷免されない」

裁判官は心身の病気で仕事ができなくなった場合と、弾劾裁判で罷免される場合を除いては、職を追われることはないというわけです。そのうえ、行政機関が処分することもできません。平たくいえば、そう簡単にクビにならないのが裁判官なのです。身分保障を手厚くしているのは、職務に専念してもらうためだと考えられます。

下級裁判所の裁判官の任命については、第八〇条に「最高裁判所の指名した者の名簿によって、内閣でこれを任命する」と定められています。つまり、任命するのは内閣ですが、**人選は最高裁判所がおこなっており、実質的な人事権は最高裁がもっている**わけです。

第八〇条にはまた、任命された裁判官の任期は10年で、再任されることができ、法律の定める年齢に達したときには退官すると記されています。下級裁判所の裁判官の定年は65歳ですが、最高裁の裁判官は70歳（裁判所法第五〇条）です。

なお、報酬について「在任中、これを減額することができない」としているところは、最高裁の裁判官と同じです。

お答えしましょう！

全国の裁判官は、最高裁の指名に基づいて内閣により任命されます。実質的な人事権は最高裁にあります。

■下級裁判所裁判官の任命と人事

➡ 第八〇条

下級裁判所裁判官
・最高裁判所の指名から内閣が任命
・任期は10年、再任あり
・定年は65歳
・在任中は報酬の減額はなし

任命するのは内閣だが、人選は最高裁判所がおこなっており、実質的な人事権は最高裁がもっている。

KEYWORD

下級裁判所……高等裁判所、地方裁判所、家庭裁判所、簡易裁判所のこと。高裁は8カ所、地裁と家裁は50カ所、簡易裁判所は438カ所ある。

15 裁判員制度はなぜ導入された？

POINT

裁判員制度は、基本的人権の保障にも寄与すると考えられている。

裁判員に法律知識は求められていない

一般国民が刑事裁判に参加する裁判員制度は、2009（平成21）年に始まりました。有権者のなかから無作為抽出で裁判員が選ばれるこの制度は、導入時、国民から少なからず戸惑いの声が上がりました。

国民の要望を受けて始まったわけでもない裁判員制度ですが、では、なぜ導入されたのでしょうか。

ひとつには従来、**三権のなかで司法だけが国民の代表がかかわる仕組みになっていなかった**ことがあります。立法は国民の選挙で選ばれた国会議員によってなされ、その国会議員のなかから選ばれた内閣総理大臣が行政の長を務めます。

こうした国民とのつながりがなかった司法の世界において、いわば橋渡し役になるのが裁判員制度です。

この裁判員制度では、しかるべき理由がなければ辞退することはできず、裁判官とともに公判に立ち会わなくてはなりません。そのため、法律知識のない素人《しろうと》に務まるのかという声がよく聞かれますが、裁判員に法律知識は求められていません。

日本弁護士連合会の説明によると、さまざまな経験や知識をもった市民がその常識に照らして疑問の余地はないと確信してはじめて有罪とする――そうした仕組みが私たちの自由と権利を守る、としています。

つまり、**人を裁くにあたり、より慎重を期すためには一般国民の常識が必要であり、それは基本的人権の保障に寄与する**というわけです。

お答えしましょう!

一般市民の常識や経験は、よりよい判決、ひいては基本的人権の保障に寄与すると考えられています。

■裁判員裁判の法廷

裁判員制度は、殺人や強盗致死傷、傷害致死、放火、危険運転致死などの刑事事件が対象で、地方裁判所でおこなわれる一審のみ。多くの裁判が5～6日程度で終わる。

KEYWORD

裁判員裁判……裁判員裁判では事件ごとに6人の裁判員が選ばれ、裁判官とともに公判に立ち会い、裁判官と一緒に評議・評決をおこない、判決の宣告まで関与する。

COLUMN 6

絞首刑は憲法違反か、否か

2022年11月、大阪拘置所に収容されている死刑囚3人が絞首刑の執行差し止めを求める訴訟を大阪地裁に起こしました。**絞首刑は残虐な刑罰を禁じた憲法第三六条に反する、**」というのがその理由です。さらに「何人《なんぴと》も残虐、非人道的、品位を傷つける刑罰を受けない」と定めた国際人権規約にも反する、と原告側は訴えています。

死刑制度が合憲か否かについては、1948（昭和23）年に最高裁が死刑は残虐な刑罰に該当しないとして合憲と判断。また、1955（昭和30）年にも、絞首刑は「とくに人道上、残虐とする理由は認められない」とする最高裁判決が出ています。

こうした最高裁の判断があるにもかかわらず、今回、改めて死刑囚が訴訟を起こしたのは、海外で死刑廃止が大きな流れになっているからでしょう。

現在、**先進国で死刑制度を続けているのは、事実上、日本とアメリカだけ**です。しかもアメリカの場合、死刑を実施するかどうかは州の法律に任せており、すでに死刑を廃止したり、執行をやめたりしている州が増えています。

そうしたなかで死刑制度を続ける日本は、国際的な人権団体から批判を受けていますが、死刑制度のいちばんの問題点は、**死刑が誤審によって取り返しのつかない過ちをもたらす危険性が排除できない**ことでしょう。

また日本では、死刑は凶悪犯罪への抑止効果があるとされていますが、その効果については疑問視する研究結果も少なくありません。

第6章

国のお財布の使い方も憲法に書かれている

「日本の借金は1000兆円超」「日本は財政赤字が常態化」といった言葉を聞いたことがある方は多いのではないでしょうか。じつは国のお金の使い方や管理の仕方も、憲法によって決められています。私たちの税金の使い方が、どのような仕組みと考え方で決まっているのかを見てみましょう。

「財政民主主義」とはどんな考え方ですか？

POINT
「財政民主主義」の起源には、マグナ・カルタの理念がある。

お答えしましょう！

税金の使い道は、国民の代表である国会議員の承認をもって決めるべきとするものです。

■財政民主主義とは？

➡ 第八三条

国民が納めた税金の使い道は、国民の代表である国会議員の承認をもって決めなければならない。

税金の使い方には国会の議決が必要

日本国憲法の第七章は「財政」について記されています。そもそも財政とは、国や地方公共団体が公共の任務をするのに必要なお金を集め、管理し、活用していく一連の活動のこと。

いうまでもなく、そのお金の多くは国民の税金ですから、行政の一存でお金の使い道を決めることは適切ではありません。そこで、憲法第八三条は「財政処理の権限」として、こう定めています。

■マグナ・カルタへの署名

イングランドで古くから守られてきた法や慣習を破ったジョン王は、家臣である貴族たちから強制的に署名させられた。この文書をマグナ・カルタという。

「国の財政を処理する権限は、国会の議決に基いて、これを行使しなければならない」

　国民が納めたお金を使うのだから、**国民の代表である国会議員からなる国会の議決に基づいてお金の使い道を決めなさい**というわけです。こういうやり方や考え方を**「財政民主主義」**といいます。

　国民の税金の使い道は、国民の代表の承認をもって決められるべし。私たち国民からすれば、しごく当然の大切なことです。だからこそ憲法に定められているのですが、この財政民主主義の起源は古く、１２１５年に書かれたマグナ・カルタにさかのぼります。

　イングランド国王の徴税権を制限し、法による支配などを明文化して立憲制の礎《いしずえ》になったといわれるマグナ・カルタの理念。それは、８００年後の日本においても受け継がれていることになります。

KEYWORD

マグナ・カルタ……１２１５年、封建諸侯と都市代表がイングランド国王に対し、王権の制限、諸侯の特権、都市の自由などを認めさせた文書。

「租税法律主義の原則」とは？

POINT
「租税法律主義の原則」を守る必要がある。

法律名のなかの「等」には要注意!?

財政民主主義は財政の基本原則となる考え方です。その歳入面について具体化したのが、「租税法律主義の原則」と呼ばれるものです。憲法第八四条に、こう定められています。

「あらたに租税を課し、又は現行の租税を変更するには、法律又は法律の定める条件によることを必要とする」

新しい税金をつくったり、既存の税率を引き上げたりするには、ちゃんと法的整備が必要ですよ、ということです。

少し繁雑になりますが、この租税法律主義というのは「課税要件法定主義」と「課税要件明確主義」の2つの考え方から成り立っています。

前者は**どういう場合に課税されるかを具体的に法律で定める**こと。後者は、**その法律の定めが一義的かつ明確でなければならない**とするものです。一義的とは、これ以外に解釈のしようがないという意味です。

この原則に照らすと2014（平成26）年に消費税が5％から8％に引き上げられたときの法律の名称には問題があります。その正式名称は「社会保障の安定財源の確保等を図る税制の抜本的な改革を行うための消費税法の一部を改正する等の法律」というものです。

ちっとも明確でないうえに、この法律名のなかに「等」が2カ所に使われています。「社会保障の安定財源の確保等」とは、社会保障の財源以外にも消費税が使われるということです。とかく役人が使いたがる「等」には注意が必要です。

お答えしましょう!

新税導入や税率変更には、法律で定められていることが必要である、と定めたものです。

■租税法律主義の原則とは?

➡第八四条

租税法律主義の原則
課税要件法定主義
課税要件明確主義
課税要件法定主義
⇒どういう場合に課税されるかを具体的に法律で定める必要があるとする考え方
課税要件明確主義
⇒その法律は一義的かつ明確でなければならないとする考え方

KEYWORD

歳入……国や地方自治体の会計年度における収入のこと。所得税や住民税などの直接税と、消費税や酒税などの間接税による税収、そして国債(138ページ参照)発行などからなる。

国債の発行も国会の議決が必要なんですか？

POINT
日本の歳入の4割のうち、多くは公債で占められている。

本来、国債発行には法的制限があるが……

日本の歳入の6割ほどは税金でまかなわれていますが、残りの4割のうち多くを占めているのは公債《こうさい》、つまり借金です。この借金をするときも国会の承認が必要であることが憲法第八五条に定められています。

「国費を支出し、又は**国が債務を負担するには、国会の議決に基くことを必要**とする」

政府が勝手に借金をすることはできないわけですが、じつは国債を発行すること自体、法的な制限がかけられています。財政法第四条に、国の歳出は公債や借入金以外の歳入によってまかなう、と定められているからです。つまり、**国は借金をしてはいけない**ことになっているのです。

ですが、この第四条には但し書きが付記されており、公共事業の財源については、公債発行を認めています。この但し書きに基づいて発行されるのが建設国債です。建設国債は道路や橋などの社会インフラの整備の財源になるもので、これには借金をするのもやむをえないというわけです。

さらに、この建設国債を発行してもまだ足りない場合に発行されるのが特例国債で、これがいわゆる赤字国債と呼ばれるものです。

これは公共事業以外に使うことを目的としており、特例公債法という法律に基づいて発行されます。しかし、1994（平成6）年度以降、毎年法律が制定されて発行されていることから、「恒例の特例国債」という奇妙なものになっています。

お答えしましょう!

そのとおりです。本来、国の借金は不可ですが、例外的に建設国債と特例国債は認められています。

■国債という借金

➡第八五条

特例国債
建設国債
借金
国会の議決があれば、この2つの国債は発行できるよ

建設国債と特例国債を中心とした国債残高は、2023年度末には1068兆円にのぼると見込まれており、主要先進国のなかではもっとも借金を抱えているといえる。

KEYWORD

公債……国が資金の不足をまかなうために発行する国債と、地方公共団体が資金の不足をまかなうために発行する地方債を合わせた総称。

国の予算はどうやって決まるの？

POINT
予算は毎年、一会計年度ごとに国会の承認を受ける必要がある。

予算承認も財政民主主義の重要な要素

前記の租税法律主義とともに財政民主主義の重要なポイントになっているのが「予算承認」です。

憲法第八六条で定められているように、**内閣は毎年、一会計年度ごとの予算案を作成し、国会の審議を受けなければなりません。**そのため衆議院、参議院ともに予算委員会が設置され、ここで審議されます。

予算案は毎年1月から始まる通常国会で承認されますが、新年度が始まるまでに予算成立しない場合は、仮の予算である暫《ざん》定《てい》予算を組んで対処します。これは本予算が成立するまで必要な支出ができるようにしたもので、行政機能が停止して国民生活に支障をきたさないようにするための制度です。

予算案の国会議決に続いて、第八七条に定められているのが予備費です。

予備費とは、不測の事態に政府が柔軟に対応できるよう、使途をあらかじめ定めずに毎年度の予算に計上する費用のこと。これについては内閣の責任において支出されますが、すべて事後に国会の承諾を得なければならないことが憲法に定められています。

その予算額は従来3500億円程度でしたが、2020年度に新型コロナウイルス感染症対応による補正予算の積み上げで一気に12兆円に膨らみ、その後も5兆円ほどで推移しています。巨額になった分、一般の予算と違って国会の監視が届きにくい予備費の使途を懸念する声も上がっています。

お答えしましょう!

内閣が作成した予算案を、衆参両院の予算委員会で審議したあと、承認へといたります。

■国の予算が決まるまで

➡第八六条

例年、概算要求基準の閣議決定が7月末、各省庁は8月末までに基準に沿って予算を要求。国会では衆参両院あわせて平均で約144時間（約21日間）審議して、予算が成立する。

KEYWORD

予備費…… 自然災害や急激な景気悪化といった事態に対応できるように毎年度計上される。事後承認という性格上、財政民主主義に反するとの批判がある。

私たちの税の使い道 5

国の決算はどんなルールでおこなわれている？

決算審査も財政民主主義の大切な要素

財政民主主義には、前記の租税法律主義と予算承認に加えてもうひとつ大切なポイントがあります。

それは予算に決められたとおりに財政がおこなわれたかどうかをチェックする**決算審査**です。憲法第九〇条には、「**国の収入支出の決算は、すべて毎年会計検査院がこれを検査**し、内閣は、次の年度に、その検査報告とともに、これを国会に提出しなければならない」と定められています。

この決算審査をおこなう会計検査院は、国会や裁判所に属さず、内閣からも独立したポジションにあります。これはどこからも制約を受けることなく厳正に職務を遂行するためです。

その組織は、意思決定と検査業務の指揮監督をおこなう検査官会議と、検査に従事する事務総局によって構成。検査官は3人で、国会の同意を経て内閣より任命され、天皇が認証することになっています。職務の独立性確保のため、在任中はその身分が保障されています。

会計検査院の検査対象は、国の毎月の収支をはじめ、国の所有する現金や国有財産の受け払い、国債など債務の増減、日銀が取り扱う現金や有価証券の受け払い、国が資本金の半分以上を出資する法人の会計など。そのほか、国が補助金などを出している独立行政法人も必要に応じて検査対象になります。

こうした検査によって**国の収支決算の確認を終えたのち、内閣は決算を国会に提出する**ことになっています。

POINT

会計検査院は、内閣から独立して存在する唯一の行政機関。

お答えしましょう！

収支決算は毎年、「国のお財布の監督者」である会計検査院の検査を経て国会に提出されています。

■会計検査院とは？

➡ 第九〇条

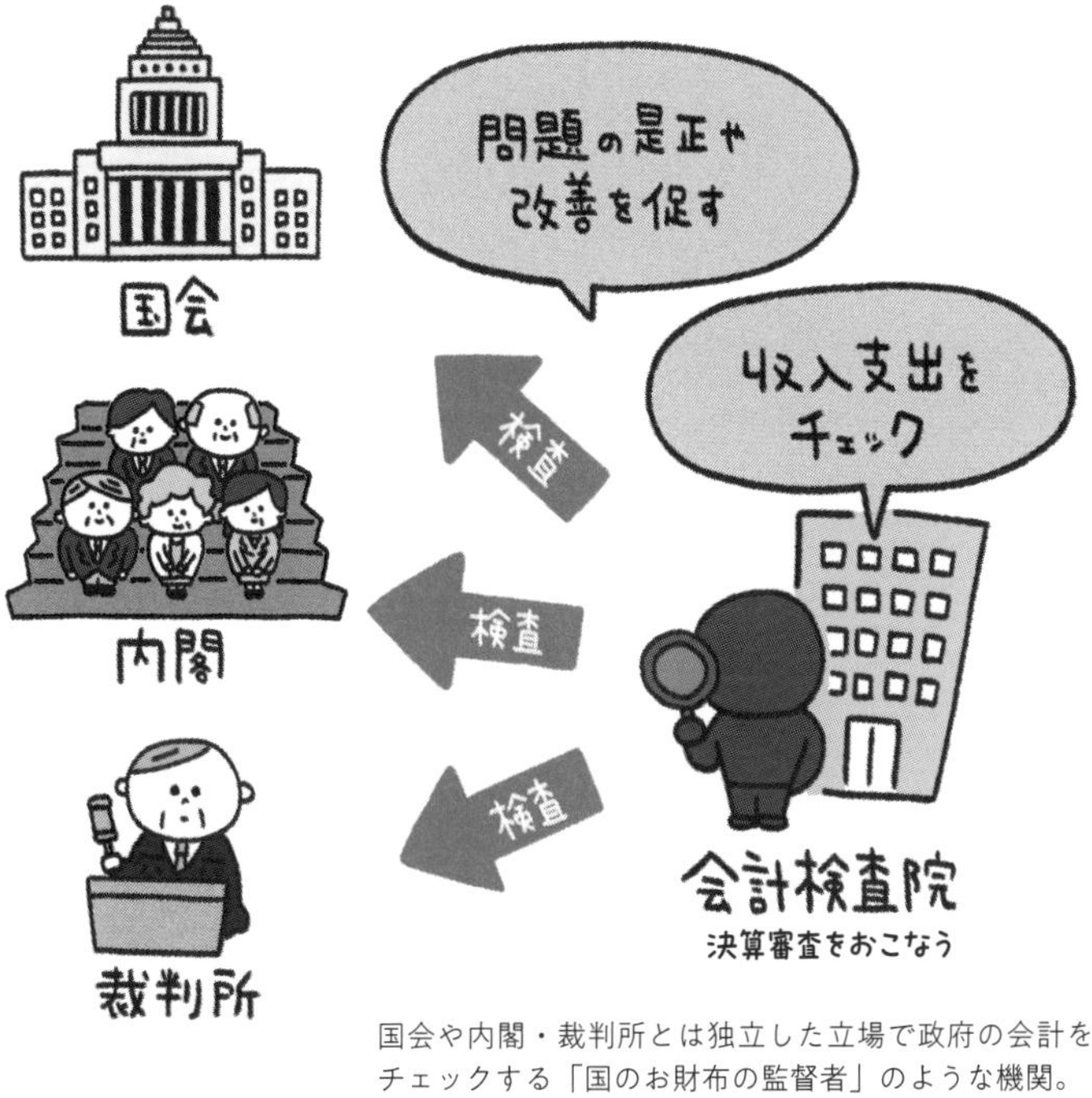

国会や内閣・裁判所とは独立した立場で政府の会計をチェックする「国のお財布の監督者」のような機関。

KEYWORD

会計検査院の検査……社会経済情勢の変化にともない、その検査領域は拡大。年金や医療費、消費税、IT、感染症対策関係経費なども該当している。

宗教系私学への助成金はなぜ認められるの？

POINT

憲法第八九条にある「公の支配」の解釈によって認められている。

教育基本法で認められている宗教教育の自由

第3章でも触れましたが、憲法は公金を宗教団体に使うことを禁じています。そのため、宗教系私立学校に国が助成金を出すのは憲法違反ではないかという指摘があります。

そこで憲法第八九条を見ると、こう書かれています。

「公金その他の公の財産は、宗教上の組織若しくは団体の使用、便益若しくは維持のため、又は公の支配に属さない慈善、教育若しくは博愛の事業に対し、これを支出し、又はその利用に供してはならない」

これを読むと宗教団体だけでなく、公の支配に属さない教育機関にも公金を出してはならないと定めています。

すると、宗教とは無関係の私学も「公の支配に属さない教育機関」として助成金は憲法違反になるとの見方ができます。さらに宗教系私学となると、国は宗教団体に公金を出していると考えられることから、二重の憲法違反ではないかとの指摘もあります。

しかし、**この私学助成金については、1969（昭和44）年に当時の文部省が憲法に照らして問題はない**とする見解を表しています。理由は、私学もまた学校教育法や私立学校法などの法規定に基づいて運営されている以上、「公の支配」に属すると考えられる、というものです。

宗教系私学についても、**教育基本法で私学における宗教教育の自由が認められており、**もとより法規定に基づいて運営されているのは一般の私学と同じということになります。

お答えしましょう！

宗教系私学も学校教育法などのもとで運営されており、「公の支配」に属すると考えられるためです。

■宗教系私学への助成金

➡ 第八九条

憲法は公金を宗教団体に使うことを禁じているため、宗教系私学に助成金を出すことは憲法違反ではないかという指摘もあるが、助成金に関しては文部科学省が問題ないとする見解を示しており、また宗教教育の自由に関しては教育基本法で認められている。

KEYWORD

教育基本法 …… 教育についての原則を定めた法律で全18条からなる。2006（平成18）年に、1947（昭和22）年公布・施行の旧法を改正して公布・施行された。

私たちの税の使い道 7

地方自治について憲法には何が書かれているのですか？

POINT

地方自治に関する条文は、日本国憲法で初めて盛り込まれた。

地方自治は充分に機能しているか

憲法第九二条から九五条までは地方自治についての規定です。いちばんのポイントは、第九二条の「地方自治の基本原則」です。そこには、こう書かれています。

「地方公共団体の組織及び運営に関する事項は、地方自治の本旨に基いて、法律でこれを定める」

ここにある**「地方自治の本旨」とは、地方自治体において住民の意思に基づいて自治がおこなわれること**です。

憲法が地方自治を重視しているのは、戦前はそうではなかったからです。たとえば戦前の都道府県知事は、現在とは異なり、中央から派遣された人物が就任していました。つまり、戦前の日本は強い中央集権体制であり、戦後これを否定するように「地方自治の本旨」が憲法に明記されたわけです。

地方自治は本来、中央政府が暴走しそうなときに歯止めをかけるとともに、地域住民の人権を守る役割を担っています。

ただ、日本で地方自治が十分に機能しているかというと疑問があります。権限をより地方に移譲する道州制導入の議論があるのはその証拠でしょう。また、新型コロナウイルス感染症対応をめぐっては、国と東京都で足並みがそろわないなど、政府と自治体の役割分担の不備が露呈しました。

なお第九三条以降は、地方公共団体の議会や選挙、地方公共団体だけに適用される特別法の住民投票などについての規定が記されています。

お答えしましょう！

戦前の中央集権体制を否定するかのように、地方自治は住民の意思に基づくことがもっとも大切とされています。

■地方自治の本旨

➡ 第九二条

「地方自治の本旨」として住民の意思が尊重されるようにするために、地方公共団体の議会や選挙、住民投票などについての規定が憲法に記されている。

KEYWORD

道州制 …… 地方分権を推進するために提案されている考え方で、都道府県に代わる広域自治体として道州を想定した制度（148ページ参照）。

COLUMN

7

道州制と「廃県置藩」

都道府県を廃止して全国をいくつかの広域行政ブロックに編成しようという道州制構想があります。2006（平成18）年には道州制特区推進法が制定されたものの、その後とくに進展は見られず、現在にいたっています。そもそも道州制は日本に馴染まないのでしょうか。

道州制は、**国の権限を地方に委譲させることで地域に即した行政を実現させ、地域ごとの産業や文化の発展をもたらす**というメリットが期待されています。しかしその一方で、中央集権体制を続けてきた日本に道州制が本当に可能かという疑問の声があります。

道州制の導入は**中央省庁の権限と仕事を激減させることを意味しますが、官僚の抵抗を打破するのは容易ではありません。**また、たとえば東北6県をひとつのブロックとした場合、中心地をどこに置くか。もし仙台にしようとすると、ほかの県庁所在地は黙っていないでしょう。

もともと日本では隣県同士、あるいは県内の主要都市同士の仲がよくないといわれます。長野県では長野市と松本市、静岡県は静岡市と浜松市がその例です。これは江戸時代、それぞれが別の藩だったことに起因しています。それで、いっそ廃藩置県の逆の「廃県置藩」をすべしという冗談めいた案がありま す。それぞれの文化的まとまりのうえに地方分権を進めたほうがいいというわけです。

「廃県置藩」のほうがしっくりくる日本人が多いとすると、道州制への道のりは遠いかもしれません。

付録

日本国憲法　全文

朕は、日本国民の総意に基いて、新日本建設の礎が、定まるに至つたことを、深くよろこび、枢密顧問の諮詢及び帝国憲法第七十三条による帝国議会の議決を経た帝国憲法の改正を裁可し、ここにこれを公布せしめる。

御名御璽

昭和二一年一一月三日

日本国憲法

日本国民は、正当に選挙された国会における代表者を通じて行動し、われらとわれらの子孫のために、諸国民との協和による成果と、わが国全土にわたつて自由のもたらす恵沢を確保し、政府の行為によつて再び戦争の惨禍が起ることのないやうにすることを決意し、ここに主権が国民に存することを宣言し、この憲法を確定する。そもそも国政は、国民の厳粛な信託によるものであつて、その権威は国民に由来し、その権力は国民の代表者がこれを行使し、その福利は国民がこれを享受する。これは人類普遍の原理であり、この憲法は、かかる原理に基くものである。われらは、これに反する一切の憲法、法令及び詔勅を排除する。

日本国民は、恒久の平和を念願し、人間相互の関係を支配する崇高な理想を深く自覚するのであつて、平和を愛する諸国民の公正と信義に信頼して、われらの安全と生存を保持しようと決意した。われらは、平和を維持し、専制と隷従、圧迫と偏狭を地上から永遠に除去しようと努めてゐる国際社会において、名誉ある地位を占めたいと思ふ。われらは、全世界の国民が、ひとしく恐怖と欠乏から免かれ、平和のうちに生存する権利を有することを確認する。

われらは、いづれの国家も、自国のことのみに専念して他国を無視してはならないのであつて、政治道徳の法則は、普遍的なものであり、この法則に従ふことは、自国の主権を維持し、他国と対等関係に立たうとする各国の責務であると信ずる。

日本国民は、国家の名誉にかけ、全力をあげてこの崇高な理想と目的を達成することを誓ふ。

第一章　天皇

第一条　天皇は、日本国の象徴であり日本国民統合の象徴であつて、この地位は、主権の存する日本国民の総意に基く。

第二条　皇位は、世襲のものであつて、国会の議決した皇室典範の定めるところにより、これを継承する。

第三条　天皇の国事に関するすべての行為には、内閣の助言と承認を必要とし、内閣が、その責任を負ふ。

第四条　天皇は、この憲法の定める国事に関する行為のみを行ひ、国政に関する権能を有しない。

②　天皇は、法律の定めるところにより、その国事に関する行為を委任することができる。

第五条　皇室典範の定めるところにより摂政を置くときは、摂政は、天皇の名でその国事に関する行為を行ふ。この場合には、前条第一項の規定を準用する。

第六条　天皇は、国会の指名に基いて、内閣総理大臣を任命する。

②　天皇は、内閣の指名に基いて、最高裁判所の長たる裁判官を任命する。

第七条　天皇は、内閣の助言と承認により、国民のために、左の国事に関する行為を行ふ。
一　憲法改正、法律、政令及び条約を公布すること。
二　国会を召集すること。
三　衆議院を解散すること。
四　国会議員の総選挙の施行を公示すること。
五　国務大臣及び法律の定めるその他の官吏の任免並びに全権委任状及び大使及び公使の信任状を認証すること。
六　大赦、特赦、減刑、刑の執行の免除及び復権を認証すること。
七　栄典を授与すること。
八　批准書及び法律の定めるその他の外交文書を認証すること。
九　外国の大使及び公使を接受すること。
十　儀式を行ふこと。

第八条　皇室に財産を譲り渡し、又は皇室が、財産を譲り受け、若しくは賜与することは、国会の議決に基かなければならない。

第二章　戦争の放棄

第九条　日本国民は、正義と秩序を基調とする国際平和を誠実に希求し、国権の発動たる戦争と、武力による威嚇又は武力の行使は、国際紛争を解決する手段としては、永久にこれを放棄する。

②　前項の目的を達するため、陸海空軍その他の戦力は、これを保持しない。国の交戦権は、これを認めない。

第三章　国民の権利及び義務

第一〇条　日本国民たる要件は、法律でこれを定める。

第一一条　国民は、すべての基本的人権の享有を妨げられない。この憲法が国民に保障する基本的人権は、侵すことのできない永久の権利として、現在及び将来の国民に与へられる。

第一二条　この憲法が国民に保障する自由及び権利は、国民の不断の努力によつて、これを保持しなければならない。又、国民は、これを濫用してはならないのであつて、常に公共の福祉のためにこれを利用する責任を負ふ。

第一三条　すべて国民は、個人として尊重される。生命、自由及び幸福追求に対する国民の権利については、公共の福祉に反しない限り、立法その他の国政の上で、最大の尊重を必要とする。

第一四条　すべて国民は、法の下に平等であつて、人種、信条、性別、社会的身分又は門地により、政治的、経済的又は社会的関係において、差別されない。

②　華族その他の貴族の制度は、これを認めない。

③　栄誉、勲章その他の栄典の授与は、いかなる特権も伴はない。栄典の授与は、現にこれを有し、又は将来これを受ける者の一代に限り、その効力を有する。

第一五条　公務員を選定し、及びこれを罷免することは、国民固有の権利である。

②　すべて公務員は、全体の奉仕者であつて、一部の奉仕者ではない。

③　公務員の選挙については、成年者による普通選挙を保障する。

④　すべて選挙における投票の秘密は、これを侵してはならない。選挙人は、その選択に関し公的にも私的にも責任を問はれない。

第一六条　何人も、損害の救済、公務員の罷免、法律、命令又は規則の制定、廃止又は改正その他の事項に関し、平穏に請願する権利を有し、何人も、かかる請願をしたためにいかなる差別待遇も受けない。

第一七条　何人も、公務員の不法行為により、損害を受けたときは、法律の定めるところにより、国又は公共団体に、その賠償を求めることができる。

第一八条 何人も、いかなる奴隷的拘束も受けない。又、犯罪に因る処罰の場合を除いては、その意に反する苦役に服させられない。

第一九条 思想及び良心の自由は、これを侵してはならない。

第二〇条 信教の自由は、何人に対してもこれを保障する。いかなる宗教団体も、国から特権を受け、又は政治上の権力を行使してはならない。

② 何人も、宗教上の行為、祝典、儀式又は行事に参加することを強制されない。

③ 国及びその機関は、宗教教育その他いかなる宗教的活動もしてはならない。

第二一条 集会、結社及び言論、出版その他一切の表現の自由は、これを保障する。

② 検閲は、これをしてはならない。通信の秘密は、これを侵してはならない。

第二二条 何人も、公共の福祉に反しない限り、居住、移転及び職業選択の自由を有する。

② 何人も、外国に移住し、又は国籍を離脱する自由を侵されない。

第二三条 学問の自由は、これを保障する。

第二四条 婚姻は、両性の合意のみに基いて成立し、夫婦が同等の権利を有することを基本として、相互の協力により、維持されなければならない。

② 配偶者の選択、財産権、相続、住居の選定、離婚並びに婚姻及び家族に関するその他の事項に関しては、法律は、個人の尊厳と両性の本質的平等に立脚して、制定されなければならない。

第二五条 すべて国民は、健康で文化的な最低限度の生活を営む権利を有する。

② 国は、すべての生活部面について、社会福祉、社会保障及び公衆衛生の向上及び増進に努めなければならない。

第二六条 すべて国民は、法律の定めるところにより、その能力に応じて、ひとしく教育を受ける権利を有する。

② すべて国民は、法律の定めるところにより、その保護する子女に普通教育を受けさせる義務を負ふ。義務教育は、これを無償とする。

第二七条 すべて国民は、勤労の権利を有し、義務を負ふ。

② 賃金、就業時間、休息その他の勤労条件に関する基準は、法律でこれを定める。

③ 児童は、これを酷使してはならない。

第二八条 勤労者の団結する権利及び団体交渉その他の団体行動をする権利は、これを保障する。

第二九条 財産権は、これを侵してはならない。

② 財産権の内容は、公共の福祉に適合するやうに、法律でこれを定める。

③ 私有財産は、正当な補償の下に、これを公共のために用ひることができる。

第三〇条 国民は、法律の定めるところにより、納税の義務を負ふ。

第三一条 何人も、法律の定める手続によらなければ、その生命若しくは自由を奪はれ、又はその他の刑罰を科せられない。

第三二条 何人も、裁判所において裁判を受ける権利を奪はれない。

第三三条 何人も、現行犯として逮捕される場合を除いては、権限を有する司法官憲が発し、且つ理由となつてゐる犯罪を明示する令状によらなければ、逮捕されない。

第三四条 何人も、理由を直ちに告げられ、且つ、直ちに弁護人に依頼する権利を与へられなければ、抑留又は拘禁されない。又、

第三五条　何人も、正当な理由がなければ、拘禁されず、要求があれば、その理由は、直ちに本人及びその弁護人の出席する公開の法廷で示されなければならない。

何人も、その住居、書類及び所持品について、侵入、捜索及び押収を受けることのない権利は、第三十三条の場合を除いては、正当な理由に基いて発せられ、且つ捜索する場所及び押収する物を明示する令状がなければ、侵されない。

② 捜索又は押収は、権限を有する司法官憲が発する各別の令状により、これを行ふ。

第三六条　公務員による拷問及び残虐な刑罰は、絶対にこれを禁ずる。

第三七条　すべて刑事事件においては、被告人は、公平な裁判所の迅速な公開裁判を受ける権利を有する。

② 刑事被告人は、すべての証人に対して審問する機会を充分に与へられ、又、公費で自己のために強制的手続により証人を求める権利を有する。

③ 刑事被告人は、いかなる場合にも、資格を有する弁護人を依頼することができる。被告人が自らこれを依頼することができないときは、国でこれを附する。

第三八条　何人も、自己に不利益な供述を強要されない。

② 強制、拷問若しくは脅迫による自白又は不当に長く抑留若しくは拘禁された後の自白は、これを証拠とすることができない。

③ 何人も、自己に不利益な唯一の証拠が本人の自白である場合には、有罪とされ、又は刑罰を科せられない。

第三九条　何人も、実行の時に適法であつた行為又は既に無罪とされた行為については、刑事上の責任を問はれない。又、同一の犯罪について、重ねて刑事上の責任を問はれない。

第四〇条　何人も、抑留又は拘禁された後、無罪の裁判を受けたとき

は、法律の定めるところにより、国にその補償を求めることができる。

第四章　国会

第四一条　国会は、国権の最高機関であつて、国の唯一の立法機関である。

第四二条　国会は、衆議院及び参議院の両議院でこれを構成する。

第四三条　両議院は、全国民を代表する選挙された議員でこれを組織する。

② 両議院の議員の定数は、法律でこれを定める。

第四四条　両議院の議員及びその選挙人の資格は、法律でこれを定める。但し、人種、信条、性別、社会的身分、門地、教育、財産又は収入によつて差別してはならない。

第四五条　衆議院議員の任期は、四年とする。但し、衆議院解散の場合には、その期間満了前に終了する。

第四六条　参議院議員の任期は、六年とし、三年ごとに議員の半数を改選する。

第四七条　選挙区、投票の方法その他両議院の議員の選挙に関する事項は、法律でこれを定める。

第四八条　何人も、同時に両議院の議員たることはできない。

第四九条　両議院の議員は、法律の定めるところにより、国庫から相当額の歳費を受ける。

第五〇条　両議院の議員は、法律の定める場合を除いては、国会の会期中逮捕されず、会期前に逮捕された議員は、その議院の要求があれば、会期中これを釈放しなければならない。

第五一条　両議院の議員は、議院で行つた演説、討論又は表決について、院外で責任を問はれない。

第五二条　国会の常会は、毎年一回これを召集する。

第五三条 内閣は、国会の臨時会の召集を決定することができる。いづれかの議院の総議員の四分の一以上の要求があれば、内閣は、その召集を決定しなければならない。

第五四条 衆議院が解散されたときは、解散の日から四十日以内に、衆議院議員の総選挙を行ひ、その選挙の日から三十日以内に、国会を召集しなければならない。

② 衆議院が解散されたときは、参議院は、同時に閉会となる。但し、内閣は、国に緊急の必要があるときは、参議院の緊急集会を求めることができる。

③ 前項但書の緊急集会において採られた措置は、臨時のものであつて、次の国会開会の後十日以内に、衆議院の同意がない場合には、その効力を失ふ。

第五五条 両議院は、各々その議員の資格に関する争訟を裁判する。但し、議員の議席を失はせるには、出席議員の三分の二以上の多数による議決を必要とする。

第五六条 両議院は、各々その総議員の三分の一以上の出席がなければ、議事を開き議決することができない。

② 両議院の議事は、この憲法に特別の定のある場合を除いては、出席議員の過半数でこれを決し、可否同数のときは、議長の決するところによる。

第五七条 両議院の会議は、公開とする。但し、出席議員の三分の二以上の多数で議決したときは、秘密会を開くことができる。

② 両議院は、各々その会議の記録を保存し、秘密会の記録の中で特に秘密を要すると認められるもの以外は、これを公表し、且つ一般に頒布しなければならない。

③ 出席議員の五分の一以上の要求があれば、各議員の表決は、これを会議録に記載しなければならない。

第五八条 両議院は、各々その議長その他の役員を選任する。

② 両議院は、各々その会議その他の手続及び内部の規律に関する規則を定め、又、院内の秩序をみだした議員を懲罰することができる。但し、議員を除名するには、出席議員の三分の二以上の多数による議決を必要とする。

第五九条 法律案は、この憲法に特別の定のある場合を除いては、両議院で可決したとき法律となる。

② 衆議院で可決し、参議院でこれと異なつた議決をした法律案は、衆議院で出席議員の三分の二以上の多数で再び可決したときは、法律となる。

③ 前項の規定は、法律の定めるところにより、衆議院が、両議院の協議会を開くことを求めることを妨げない。

④ 参議院が、衆議院の可決した法律案を受け取つた後、国会休会中の期間を除いて六十日以内に、議決しないときは、衆議院は、参議院がその法律案を否決したものとみなすことができる。

第六〇条 予算は、さきに衆議院に提出しなければならない。

② 予算について、参議院で衆議院と異なつた議決をした場合に、法律の定めるところにより、両議院の協議会を開いても意見が一致しないとき、又は参議院が、衆議院の可決した予算を受け取つた後、国会休会中の期間を除いて三十日以内に、議決しないときは、衆議院の議決を国会の議決とする。

第六一条 条約の締結に必要な国会の承認については、前条第二項の規定を準用する。

第六二条 両議院は、各々国政に関する調査を行ひ、これに関して、証人の出頭及び証言並びに記録の提出を要求することができる。

第六三条 内閣総理大臣その他の国務大臣は、両議院の一に議席を有すると有しないとにかかはらず、何時でも議案について発言するため議院に出席することができる。又、答弁又は説明のため出席を求められたときは、出席しなければならない。

第六四条 国会は、罷免の訴追を受けた裁判官を裁判するため、両議院の議員で組織する弾劾裁判所を設ける。

② 弾劾に関する事項は、法律でこれを定める。

第五章　内閣

第六五条 行政権は、内閣に属する。

第六六条 内閣は、法律の定めるところにより、その首長たる内閣総理大臣及びその他の国務大臣でこれを組織する。

② 内閣総理大臣その他の国務大臣は、文民でなければならない。

③ 内閣は、行政権の行使について、国会に対し連帯して責任を負ふ。

第六七条 内閣総理大臣は、国会議員の中から国会の議決で、これを指名する。この指名は、他のすべての案件に先だつて、これを行ふ。

② 衆議院と参議院とが異なつた指名の議決をした場合に、法律の定めるところにより、両議院の協議会を開いても意見が一致しないとき、又は衆議院が指名の議決をした後、国会休会中の期間を除いて十日以内に、参議院が、指名の議決をしないときは、衆議院の議決を国会の議決とする。

第六八条 内閣総理大臣は、国務大臣を任命する。但し、その過半数は、国会議員の中から選ばれなければならない。

② 内閣総理大臣は、任意に国務大臣を罷免することができる。

第六九条 内閣は、衆議院で不信任の決議案を可決し、又は信任の決議案を否決したときは、十日以内に衆議院が解散されない限り、総辞職をしなければならない。

第七〇条 内閣総理大臣が欠けたとき、又は衆議院議員総選挙の後に初めて国会の召集があつたときは、内閣は、総辞職をしなければならない。

第七一条 前二条の場合には、内閣は、あらたに内閣総理大臣が任命されるまで引き続きその職務を行ふ。

第七二条 内閣総理大臣は、内閣を代表して議案を国会に提出し、一般国務及び外交関係について国会に報告し、並びに行政各部を指揮監督する。

第七三条 内閣は、他の一般行政事務の外、左の事務を行ふ。

一　法律を誠実に執行し、国務を総理すること。

二　外交関係を処理すること。

三　条約を締結すること。但し、事前に、時宜によつては事後に、国会の承認を経ることを必要とする。

四　法律の定める基準に従ひ、官吏に関する事務を掌理すること。

五　予算を作成して国会に提出すること。

六　この憲法及び法律の規定を実施するために、政令を制定すること。但し、政令には、特にその法律の委任がある場合を除いては、罰則を設けることができない。

七　大赦、特赦、減刑、刑の執行の免除及び復権を決定すること。

第七四条 法律及び政令には、すべて主任の国務大臣が署名し、内閣総理大臣が連署することを必要とする。

第七五条 国務大臣は、その在任中、内閣総理大臣の同意がなければ、訴追されない。但し、これがため、訴追の権利は、害されない。

第六章　司法

第七六条 すべて司法権は、最高裁判所及び法律の定めるところにより設置する下級裁判所に属する。

② 特別裁判所は、これを設置することができない。行政機関は、終審として裁判を行ふことができない。

③ すべて裁判官は、その良心に従ひ独立してその職権を行ひ、この憲法及び法律にのみ拘束される。

第七七条 最高裁判所は、訴訟に関する手続、弁護士、裁判所の内部規律及び司法事務処理に関する事項について、規則を定める権限を有する。

② 検察官は、最高裁判所の定める規則に従はなければならない。

③ 最高裁判所は、下級裁判所に関する規則を定める権限を、下級裁判所に委任することができる。

第七八条 裁判官は、裁判により、心身の故障のために職務を執ることができないと決定された場合を除いては、公の弾劾によらなければ罷免されない。裁判官の懲戒処分は、行政機関がこれを行ふことはできない。

第七九条 最高裁判所は、その長たる裁判官及び法律の定める員数のその他の裁判官でこれを構成し、その長たる裁判官以外の裁判官は、内閣でこれを任命する。

② 最高裁判所の裁判官の任命は、その任命後初めて行はれる衆議院議員総選挙の際国民の審査に付し、その後十年を経過した後初めて行はれる衆議院議員総選挙の際更に審査に付し、その後も同様とする。

③ 前項の場合において、投票者の多数が裁判官の罷免を可とするときは、その裁判官は、罷免される。

④ 審査に関する事項は、法律でこれを定める。

⑤ 最高裁判所の裁判官は、法律の定める年齢に達した時に退官する。

⑥ 最高裁判所の裁判官は、すべて定期に相当額の報酬を受ける。この報酬は、在任中、これを減額することができない。

第八〇条 下級裁判所の裁判官は、最高裁判所の指名した者の名簿によつて、内閣でこれを任命する。その裁判官は、任期を十年とし、再任されることができる。但し、法律の定める年齢に達した時には退官する。

② 下級裁判所の裁判官は、すべて定期に相当額の報酬を受ける。この報酬は、在任中、これを減額することができない。

第八一条 最高裁判所は、一切の法律、命令、規則又は処分が憲法に適合するかしないかを決定する権限を有する終審裁判所である。

第八二条 裁判の対審及び判決は、公開法廷でこれを行ふ。

② 裁判所が、裁判官の全員一致で、公の秩序又は善良の風俗を害する虞があると決した場合には、対審は、公開しないでこれを行ふことができる。但し、政治犯罪、出版に関する犯罪又はこの憲法第三章で保障する国民の権利が問題となつてゐる事件の対審は、常にこれを公開しなければならない。

第七章　財政

第八三条 国の財政を処理する権限は、国会の議決に基いて、これを行使しなければならない。

第八四条 あらたに租税を課し、又は現行の租税を変更するには、法律又は法律の定める条件によることを必要とする。

第八五条 国費を支出し、又は国が債務を負担するには、国会の議決に基くことを必要とする。

第八六条 内閣は、毎会計年度の予算を作成し、国会に提出して、その審議を受け議決を経なければならない。

第八七条 予見し難い予算の不足に充てるため、国会の議決に基いて予備費を設け、内閣の責任でこれを支出することができる。

② すべて予備費の支出については、内閣は、事後に国会の承諾を得なければならない。

第八八条 すべて皇室財産は、国に属する。すべて皇室の費用は、予算に計上して国会の議決を経なければならない。

第八九条 公金その他の公の財産は、宗教上の組織若しくは団体の使用、便益若しくは維持のため、又は公の支配に属しない慈善、教育若しくは博愛の事業に対し、これを支出し、又はその利用に供してはならない。

第九〇条 国の収入支出の決算は、すべて毎年会計検査院がこれを検査し、内閣は、次の年度に、その検査報告とともに、これを国会に提出しなければならない。

② 会計検査院の組織及び権限は、法律でこれを定める。

第九一条 内閣は、国会及び国民に対し、定期に、少くとも毎年一回、国の財政状況について報告しなければならない。

第八章　地方自治

第九二条 地方公共団体の組織及び運営に関する事項は、地方自治の本旨に基いて、法律でこれを定める。

第九三条 地方公共団体には、法律の定めるところにより、その議事機関として議会を設置する。

② 地方公共団体の長、その議会の議員及び法律の定めるその他の吏員は、その地方公共団体の住民が、直接これを選挙する。

第九四条 地方公共団体は、その財産を管理し、事務を処理し、及び行政を執行する権能を有し、法律の範囲内で条例を制定することができる。

第九五条 一の地方公共団体のみに適用される特別法は、法律の定めるところにより、その地方公共団体の住民の投票においてその過半数の同意を得なければ、国会は、これを制定することができない。

第九章　改正

第九六条 この憲法の改正は、各議院の総議員の三分の二以上の賛成で、国会が、これを発議し、国民に提案してその承認を経なければならない。この承認には、特別の国民投票又は国会の定める選挙の際行はれる投票において、その過半数の賛成を必要とする。

② 憲法改正について前項の承認を経たときは、天皇は、国民の名で、この憲法と一体を成すものとして、直ちにこれを公布する。

第一〇章　最高法規

第九七条 この憲法が日本国民に保障する基本的人権は、人類の多年にわたる自由獲得の努力の成果であつて、これらの権利は、過去幾多の試錬に堪へ、現在及び将来の国民に対し、侵すことのできない永久の権利として信託されたものである。

第九八条 この憲法は、国の最高法規であつて、その条規に反する法律、命令、詔勅及び国務に関するその他の行為の全部又は一部は、その効力を有しない。

② 日本国が締結した条約及び確立された国際法規は、これを誠実に遵守することを必要とする。

第九九条 天皇又は摂政及び国務大臣、国会議員、裁判官その他の公務員は、この憲法を尊重し擁護する義務を負ふ。

第一一章　補則

第一〇〇条　この憲法は、公布の日から起算して六箇月を経過した日から、これを施行する。

②　この憲法を施行するために必要な法律の制定、参議院議員の選挙及び国会召集の手続並びにこの憲法を施行するために必要な準備手続は、前項の期日よりも前に、これを行ふことができる。

第一〇一条　この憲法施行の際、参議院がまだ成立してゐないときは、その成立するまでの間、衆議院は、国会としての権限を行ふ。

第一〇二条　この憲法による第一期の参議院議員のうち、その半数の者の任期は、これを三年とする。その議員は、法律の定めるところにより、これを定める。

第一〇三条　この憲法施行の際現に在職する国務大臣、衆議院議員及び裁判官並びにその他の公務員で、その地位に相応する地位がこの憲法で認められてゐる者は、法律で特別の定をした場合を除いては、この憲法施行のため、当然にはその地位を失ふことはない。但し、この憲法によつて、後任者が選挙又は任命されたときは、当然その地位を失ふ。

おわりに

憲法を「絵に描いた餅」にせず、権力者に守らせるためには？

さて、日本の憲法とはどういうものであるか、理解できたでしょうか。

「日本の憲法は権利ばかりが強調され、国民の義務が少ない」と批判する人がいますが、それは憲法がどのようなものなのか、理解していないから出てくる考え方です。

でも、憲法に書いてあればそれで権利が守られるかといえば、必ずしもそうではありません。**憲法の趣旨を維持して発展させるためには、それなりに不断の努力が必要**なのです。

文字に書いてあるだけなら、中国でも北朝鮮でも国民の権利は守られることになっていますが、実際はそうではありませんね。これこそ「絵に描いた餅」と呼ばれるような事態です。

憲法は、権力者に守らせるもの。ということは、権力を持った政治家や役所の人たちが何をしているのか、あるいは何をしようとしていないのかを監視することが、結局は憲法を守らせることにつながります。

そのために存在する仕組みが選挙です。政治家が私たち国民の権利を守るために努力していなければ、私たちは、次の選挙で、その人を落選させればいいのです。

こう考えると、**選挙がいかに大事なものか**もわかってきますね。

この本を読み終わったあなたは、とりあえず憲法の基礎を学ぶことができました。これからさらに憲法について学ぶことも大事ですし、憲法のあるべき姿を追求することもできるようになるはずです。

健闘を祈ります。

監修者：池上彰（いけがみ・あきら）
1950年長野県生まれ。慶應義塾大学経済学部卒業後、1973年NHK入局。1994年から「週刊こどもニュース」のお父さん役を11年務め、2005年よりフリージャーナリストとして活動。世の中のしくみや難解な出来事を、ユーモアを交えつつわかりやすく解説し、テレビでも人気を博している。
著書に、ベストセラーとなった『なぜ僕らは働くのか』のほか、『世界がぐっと近くなる SDGsとボクらをつなぐ本』『僕らの未来が変わる お金と生き方の教室』『池上彰の行動経済学入門』（いずれも監修、Gakken）など多数。

【参考文献】
『池上彰の憲法入門』著者：池上彰（筑摩書房）
『君たちの日本国憲法』著者：池上彰（集英社）
『憲法　第七版』著者：芦部信喜／補訂：高橋和之（岩波書店）
『憲法９条を正しく知ろう』著者：西修（海竜社）
『世界の憲法を知ろう』著者：西修（海竜社）
『超訳　日本国憲法』著者：池上彰（新潮社）
『はじめて学ぶ人でも深くわかる 武器になる「憲法」講座』著者：伊藤真（ソシム）

知らないではすまされない
日本国憲法について池上彰先生に聞いてみた
2023年7月11日　第１刷発行

監修者　池上　彰
発行人　土屋　徹
編集人　滝口勝弘
編集担当　神山光伸
発行所　株式会社Gakken
〒141-8416 東京都品川区西五反田2-11-8
印刷所　中央精版印刷株式会社

●この本に関する各種お問い合わせ先
・本の内容については、下記サイトのお問い合わせフォームよりお願いします。
https://www.corp-gakken.co.jp/contact/
・在庫については　Tel 03-6431-1201（販売部）
・不良品（落丁、乱丁）については　Tel 0570-000577
学研業務センター　〒354-0045 埼玉県入間郡三芳町上富279-1
・上記以外のお問い合わせは　Tel 0570-056-710（学研グループ総合案内）

学研グループの書籍・雑誌についての新刊情報・詳細情報は、下記をご覧ください。
学研出版サイト　https://hon.gakken.jp/